描く楽しさを子どもたちに

子どもの発達と描画活動の指導

田中義和
Tanaka Yoshikazu

ひとなる書房

CONTENTS

子どもの発達と描画活動の指導
～描く楽しさを子どもたちに～

はじめに 8

第1章　なぐりがき期（1歳〜2歳ころ） ……………………………… 12

1）描画の始まり 12
2）往復運動のなぐりがきへ 13
3）回転運動のなぐりがきへ 14
4）なぐりがき期の描く楽しさ 15

第2章　なぐりがきへの命名期（2歳〜3歳ころ） …………………… 17

1）なぐりがきに名前をつける 17
2）表象の世界の入り口に 18
3）絵を描きながらイメージの世界を楽しむ 19
4）なぐりがきへの命名期の描く楽しさ 21

第3章　前図式期（3歳〜4歳ころ） …………………………………… 24

1）頭足人で表現される楽しい世界 24
2）目立ちはじめる個人差 26
3）線や形の楽しさの追求 27

第4章　なぐりがき期〜前図式期の指導 ……………………………… 29

  1）対話活動を通して描く楽しさを伝える　29
  2）「何描いたの？」って聞いていいの？　31
  3）対話活動をする時間は？　31
  4）なぐりがき期の画材　32
  5）色自体を感覚的に楽しむ　33
  6）「かいて、かいて」にどう対応するか　34
   ・「ひこーきかいて」のHくん　36

第5章　楽しさを広げる多様な取り組み ……………………………… 39
  （なぐりがき期〜前図式期）

 1　大きな紙にみんなで描こう　39

 2　ごっこ遊びと描画　41
  1）ごっこ遊び的描画　41
  2）描いてごっこを楽しもう　43
   ・「とっきゅうでんしゃ、しゅっぱつしんこう！」　43

 3　ぬたくりを楽しむ　45

 4　感触あそび　48
  1）片栗粉の感触あそび　48
  2）苦手な子・いやがる子への対応　50
  3）感触あそびの楽しさ　50
  4）食材であそぶことへの批判　51

第6章　図式期（5歳〜6歳以降） ………………………………… 56

1　図式期の特徴　56

1）基底線と太陽・雲　56
2）奥行きの表現　57
3）視点の混合　59
4）カタログ画　59
5）拡大強調表現とレントゲン表現　60
6）色の発達　61
・色で思いを表現する　62

2　生活の表現　65

1）生活の表現の楽しさ　66
2）書き言葉（文字）としての描画　68
3）絵の中に文字を書いていいの？　72

3　想像の表現　73

4　本物らしさの追求——観察の表現　79

1）恐竜の世界を描いてあそぶ　82
2）物に託して思いを表現する　86
3）本物らしさを追求する意義　86

5　遊び絵——色と形の美しさの追求　87

1）多様な遊び絵　87
2）色の装飾性の追求　91
3）「お姫様の絵」をどう考えるか　92

6　共同画　94

1）持ち寄り方式と寄せがき方式　95
2）だれでも取り組めて楽しめる共同画　96
3）二人で取り組む共同画　97
4）共同画に取り組む意義　98

5）本物の大きさのじんべえざめを描く　99

第7章　図式期の指導・苦手な子の指導 …………………………………… 104

1　図式期の指導　104
1）絵を描くことが当たり前の生活を　104
　・絵日誌当番　105
2）対話活動の大切さ　106
3）基礎的技術の指導をどう考えるか　107
　・用具・画材の使い方　108
　・表現目的に応じた画材の選択　109
　・どう描いていいかわからない　111

2　絵の苦手な子の指導　116
1）なぜ苦手意識が　116
2）苦手意識を持つ子にどう取り組むか　118
　・遊び絵に取り組む　119
　・一対一でゆったりと描く時間を持つ　119
　・友だちとの関わりで苦手意識を克服　120
　・大人が描き方を教える　121

3　子どもの絵の診断的見方について　124
1）絵に人間が出てこないのは　124
2）心理テストとしての描画　124
3）保育の中での診断的な見方　125

第8章　描画遊び ……………………………………………………………… 129

1）絵描き歌　130
2）迷路を描いて遊ぶ　133

　　　　3）ぬり絵　139

第9章　障害をもつ子どもたちの描画 …………………………… 144

　　　　1）サヴァン症候群の子どもたちの描画　144
　　　　2）電車の大好きなYくんの絵　146

第10章　描く楽しさを子どもたちに ……………………………… 151

　　　　1）絵の指導をどう考えるか　151
　　　　2）描く楽しさを子どもたちに伝える指導　152

　　あとがき　155

　　装幀／山田道弘

はじめに

　子どもの描画や絵というと、保育所保育指針や幼稚園教育要領にも「表現」のなかに位置づけられています。描画や造形表現活動に取り組まない園やクラスはほとんどないと言っていいと思います。しかし、「どうも絵はむずかしい」、「自分自身、絵を描くのがうまくないし、センスもよくないので苦手だ」という声もよく聞きます。実際に保育のなかでどれくらい描画や造形表現活動に取り組んでいるかは、保育者によってかなり違いがあるように思います。

　たしかに描画や造形は、保育者自身の得手・不得手の意識がどうしても影響を与えてしまう分野です。やはり、描いたり、作ったりが得意で、クラスだよりのカットなどもサッと描けてしまう保育者は、描画や造形・表現活動によく取り組む傾向があるように思います。

　しかし、絵が得意で上手に描ける保育者だけが造形表現活動に意欲的に取り組んでいるわけではありません。私のよく知っている保育者にも、自分自身は絵がうまくははないけれど、子どもたちと造形・表現活動に取り組むのが大好きという方がたくさんいます。そんな保育者たちに共通しているのは、子どもの絵の魅力や楽しさをよく知っていることです。

子どもの絵の魅力は何だろう？

　子どもの絵の魅力って何かな？　と考えた時に、保育者にとって一番の楽しみは、絵をとおして、子どもたちが生活の中で感じているいろいろな思いや発見、子どもらしいイメージの世界に出会え、共感できることだと思います。

　図1は京都・一乗寺保育園の年長さんの節分の絵です。この園では、毎年、節分のころになると、鬼からコマ対決の挑戦状が子どもたちに届きます。子どもたちは、節分の日をめざして、コマをうまく回せるように練習にはげみます。当日は、一人ひとり、鬼の前で

コマを回して鬼と対決します。「コマ対決おもしろかった。コマまわすのがうまくいったからおもしろかった。赤鬼のたいこの音でっかくて、からだがゆれた」と子どもの言葉を保育者の清水尚美さんが記録しています。恐い鬼の前で真剣にコマをまわしている顔の表情と、うまくまわせたコマが誇らしげに大きく描かれていてとてもすてきな表現になっています。鬼は

図1　「節分」　京都・一乗寺保育園5歳児クラス
（53頁カラー口絵参照）

コマの手のせをやって見せています。こんな楽しい体験を表現して、保育者やクラスの友だちと共感しあうことで、この思い出は子どもの心の中にしみこんでいくのでしょう。

　ときには、子どもの絵に大笑いすることもあります。図2は北海道旭川市の学童保育クラブ、カンタラモッチ（現ホロホロクラブ）の子どもたちの絵です。カンタラ異星人シリーズで、「トマト星人」から始まって「きんにく星人」「ばかばか星人」「ブタ星人」あたりまでは、ありそうな話。「おかま星人」「おっぱい星人」あたりからあやしくなり、極めつけは、「ろくろく（66）星人」。目も口も鼻も鼻の穴も、髪の毛までが数字の6でできています。「そーめん星人」は、全部、麺でできているというナンセンスぶり。おかし

図2　旭川・学童クラブ「カンタラモッチ」

はじめに

なナンセンス星人を連発しては、大笑いし共感しあっている子どもたちの姿が目に浮かぶようです。

　この馬鹿らしさが魅力的な、子どもたちのユーモアあふれる世界です。作品というより落書きの世界ですが、こんな子どもたちのパワーに出会えるのも子どもの絵の世界の特徴です。お笑いの大阪の吉本や、昨年、木村伊兵衛写真賞を受賞した梅佳代さんの写真集『男子』の、「そういえば、こんな馬鹿なやついたよなぁ」という小学生男子の世界と共通するものがあります。

「指導」は強制？
　こんなすてきで楽しい子どもの世界に出会えるのが子どもの絵の魅力ですが、「どうも絵はむずかしい」と感じている保育者も少なくないように思います。そこには、なんといってもその指導のあり方をめぐってさまざまな考え方があることへのとまどいがあるようです。

　一方で、乳児から描画の基礎的な能力をカリキュラム化して、系統的に描くための技術を指導していく方法があります。反対に、絵は自由にのびのびと描かせるのが大切で、子どもの生活が豊かになれば子どもの表現が豊かになっていく、だからとくに指導は必要ない。指導は大人のイメージを子どもに押しつけることだという考え方があります。

　この「指導」という言葉自体、現在はとっても否定的なイメージで捉えている保育者が多いのにびっくりすることがあります。学生たちにも聞くと、「指導」とは強制と同じで、子どもたちの意欲や気持ちを無視して、子どもを保育者の思いどおりに動かすことだとイメージしているようです。しかし、本来の保育や教育の世界で使われる指導は、強制ではなく、子どもたち自身が意欲的に楽しく活動に取り組んでいけるように、保育者・教師が働きかけるものです。もちろん、ここでもこの本来の意味で指導という言葉を使っていきたいと思います。

　子どもたちが、自由にのびのびと描きたいものを描けるのは、保育者ならだれでも持つ願いだと思います。しかし、目の前の子どもたちを見ると、絵が苦手でみんなが描き始めるとその場からいなくなってしまう子、白い画用紙を目の前にいつまでも描けないでいる子、友だちに見られるのがいやでぬりつぶしてしまう子、サッと簡単に描いてしまい「できた！」と言って園庭に出ていってしまう子、いつもワンパターンの絵を描いていて抜け出せない子など、自由にのびのび描いているとは言えない子どもたちの姿があります。こんな子どもたちをなんとかしたいと、いろいろと指導を考えてみるのですが、あまり保育者が働きかけると、子どもの描きたいもののイメージを損なわないだろうか、大人のイメージを押し付けることにならないだろうかと、次々と不安や迷いが出てきます。

　ここには、子どもの主体性や自発性と保育者の指導をどう統一的にとらえるかという、

大切な問題があります。この問題は、描画や造形表現活動だけでなく、保育のなかでいつも保育者がぶつかる基本的な問題の一つです。描画や造形・表現活動では、子どもの自己表現が大切にされ、その子らしい思いやイメージの世界の表現が大切にされます。それだけに、この「指導」と「子どもの自発性、主体性」の関わりをどう考えていくのかが、鋭く問われてきます。

　この問題を解決していくときの一つの手がかりが、絵を描く楽しさに注目していくことでしょう。乳幼児期の子どもの絵の指導では、絵を描く楽しさを子どもたちに伝えていくことが主な課題となります。絵を描く楽しさを伝えていくなかで、子どもたちは主体的、意欲的に描画や造形表現活動に取り組むようになり、保育者や友だちと伝えあうなかで、自分らしいイメージの世界を育んでいきます。

　それでは、まず、子どもたちが発達とともに、どのようにイメージをふくらませ、その描く楽しさをひろげていくのかをみなさんとともにたどっていきましょう。

　乳幼児期の描画活動の発達段階は、研究者によってその分け方や呼び名がさまざまですが、大きくは共通しています。この本では、なぐりがき期（1歳から2歳ころ）なぐりがきへの命名期（2歳から3歳ころ）、前図式期（3歳から4歳ころ）、図式期（5、6歳以降）に分けて、それぞれの発達段階の特徴、その段階での保育者の指導・援助について検討していきたいと思います。

　＜図（作品）・実践園・学童クラブ＞
　図1　節分　京都一乗寺保育園5歳児クラス
　図2　旭川・学童クラブ「カンタラモッチ」

第1章

なぐりがき期
（1歳〜2歳ころ）

　「なぐりがき」という言葉は、日常的に使われる言葉としては、乱暴に汚く描いたという意味で使われ、あまり良い言葉ではありません。この時期は、他に「錯画（さくが）期」とも呼ばれることもあります。「錯画」はむずかしい言葉ですが、秩序がない乱れた絵という意味で、けっして子どもの絵の実態にあった言葉ではありません。最近は英語をそのままカタカナにして「スクリブル（SCRIBBLE）期」と呼ぶこともありますが、これも意味としては日本語のなぐりがきと同じです。この時期の適切な呼び名がなかなかないのですが、ここでは「なぐりがき期」と呼んでいきたいと思います。

　１）描画の始まり

　１歳前半ぐらいになると、子どもたちにマーカーや紙などを与えるとなぐりがきが始まります。この時期は、周囲の保育者や大人が使う道具にとても興味を持ち、模倣したがる時期です。保育者が連絡ノートなどに書き物をしていると、興味をもってボールペンなどに手をだしてくる姿がよく見られます。
　図１−１は名古屋・けやきの木保育園１歳０ケ月のＹちゃんの描画です。図説明の文章は、絵を描いているときの子どものようすを保育者が記録したものです。このころの描画時のようすがよくあらわれている事例です。子どもにとって、最初、マーカーやペンは必ずしも描くための道具ではありません。ブロックや積み木など、ほかのオモチャなどと同じで、子どもたちはなめて口に持っていたり、握って打ちつけたり、落したり、投げたりもします。保育者が描いて見せたりしているうちに、偶然に紙の上にできたマーカーの跡を発見します。大人にとっては、マーカーを紙の上で動かせば、描いた跡が残るのは当たり前のことですが、この時期の子どもたちには大きな発見です。紙の上を動くペン先から

図1-1 Y（1歳0ヶ月） 名古屋・けやきの木保育園
はじめての描画。はじめなんだろうとペンを持ちかえたり、まわりを見渡していたYちゃん。フタをあけて持たせると、指にペンがつき、保育者が「アッ」と言うと、不思議そうに見ていました。保育者がきっかけに「トントン」と1、2回描いて見せると、Yちゃんも勢いよく描きはじめました。トントントンと夢中で描き上げ、最後にペン先をすこしなめ、保育者の方を見ました（笑い）。

色のついた点や線が現れてくるのを夢中でジーッと目で追う姿が見られます。

2）往復運動のなぐりがきへ

　手を動かして描いた軌跡を目で確かめ、いろいろと試しながら、子どもはなぐりがきの軌跡を探求していきます。1歳の半ごろになると紙の上で手を往復させる「往復運動のなぐりがき」が目立ってきます。偶然にできるなぐりがきではなく、手の運動が視覚的にコントロールされるようになり、何度も同じパターンのなぐりがきを意図的に描くようになります。

　図1-2は、1歳6ヶ月のMちゃんの左右の往復運動のなぐりがきです。マーカーで線が描けるのを目で追い確かめながら描いています。

図1-2 M（1歳6ヶ月） 名古屋・けやきの木保育園
ペンを持つと、ペンに興味があって、自分の手や身体に描くのが楽しみだったMちゃん。それがひとたび紙にスーっと色がつくと、『わあー、何なにー』と線を目で追いかけながら、腕を大きく動かして描いたよ。

図1-3　S（1歳3ヶ月）名古屋・けやきの木保育園
はじめての線です。一本描くごとに「あーっ！」と声を出し、足をバタバタさせて大喜びだったよ。

　偶然にたての線が描けて驚いているのは、**図1-3**のSくんです。何度も何度も縦の線にチャレンジして、そのたびに大喜びです。

3）回転運動のなぐりがきへ

　1歳も後半になると、手の運動の視覚的なコントロールがさらにできるようになり、回転運動を主体にしたなぐりがきへと発展していきます。グルグル丸、円スクリブルなどと呼ばれるなぐりがきが出現します。図1-4は名古屋・ほしぎき保育園1歳9ヶ月のTくんの絵です。このなぐりがきでは、紙の上で手を回転させる動きが主になっています。**図1-5**は愛知県・第一そだち保育園1歳6ヶ月のSちゃんです。図ではわかりにくいのですが、紙は四つ切りの大きな紙を使って描いています。マーカー持つ手を紙の上でグルグ

図1-4　T（1歳9ヶ月）名古屋・ほしざき保育園
ジージー描くと机に向かったTくん。とても真剣な表情で自分の描いたペンのあとをジッと目で追いながら、集中して紙いっぱい描きました。描き終えてにっこり。ジージー描いたねとうれしさを保育士に笑顔で伝えてくれました。

図1‐5 S（1歳6ヶ月）愛知・第一そだち保育園

ル回転させながら、右へ、左へ、上へと移動しながらのびのび描いています。まるで、紙の上を線がお散歩しているような楽しい絵です。

4）なぐりがき期の描く楽しさ

　この時期の描く楽しさは、まず、感覚運動的遊びとしての楽しさがあります。外の世界に子どもが働きかけて、その変化や結果を自分の感覚を通して受けとめ発見します。一度、発見すると、その結果を期待しながら再現し確認していく楽しさです。このころの子どもたちの好きなオモチャにポットン落しがあります。缶や箱に穴を開けて、その穴の中に鈴やビー玉などを手でつかんで落とし入れてあそぶおもちゃです。穴の中に入ると、目の前からオモチャが消えてなくなり、身をのり出して中をのぞいたり、フタをあけたりして、消えてなくなったのを「あった！」と見つけて楽しむあそびです。外の世界に手の運動を通して働きかけ（つかんで穴に入れる）、その働きかけた結果の変化（目の前からビー玉が消えたり、中に落ちる音が聞こえたり）を自分の目や耳で受けとめ、フタを開けて確かめると、「やっぱりあった！」と消えてなくなったものがまた発見できる楽しさです。

　なぐりがきもこれと同じ構造の楽しさをもっています。外の世界に働きかけ（マーカーをもって紙の上で動かす）、その結果、変化（紙の上でマーカーを滑らせた時に、手の運動を通して身体に伝わってくる感覚、紙の上のマーカーの軌跡、描いた線）が起こります。子どもはその変化を身体で感じ、目で見て発見し、確認します。紙の上でゆっくり手を動かしたり、すばやく動かしたり、その結果できてくる軌跡を目で追いながらジッと見て確認していきます。偶然の手の動きで予期しない新しい軌跡ができるとその発見に驚き、図1－3のSくんのように、その軌跡をまた今度は意識的に作り出そうとチャレンジ

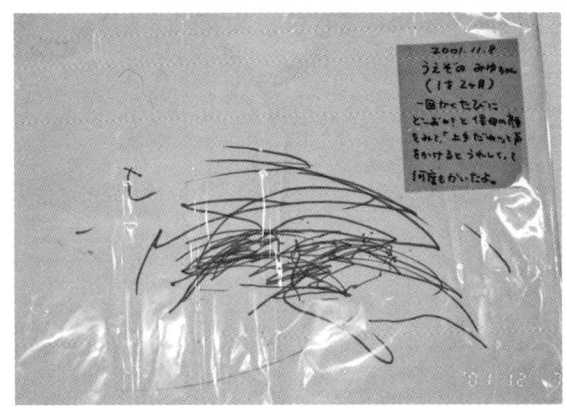

図1-6　N（1歳2ヶ月）名古屋・のぎく保育園
1回かくたびに、どーお？と保母の顔を見て、「じょうずだね」と声をかけるとうれしくて何度もかいたよ。

します。このような探索活動を楽しみながら、子どもたちは、なぐりがきを発展させていきます。

　この時期のもうひとつの楽しさは、保育者との共感です。上に述べた感覚運動的な遊びとしてのなぐりがきは、多くの場合保育者との共感関係のなかでより楽しいものとなり、発展していきます。

　図1-6は1歳2ヶ月のNちゃんのなぐりがきです。「一回描くたびに、どーお？と保育者の顔を見て、上手だったねと声をかけると、うれしくって何度も描いた」と、保育者が記録しています。このように、なぐりがきをして、そこでの発見や確認を保育者がいっしょに共感してくれるのが、この時期のもうひとつの楽しさです。「ジージー、すてきに描けたね」と共感してもらうことがうれしくて、何度もなぐりがきに向かい、「ジージー描いた」と教えてくれます。

　　＜図（作品）・実践園＞
　　図1-1　Y（1歳0ヶ月）　名古屋・けやきの木保育園
　　図1-2　M（1歳6ヶ月）　名古屋・けやきの木保育園
　　図1-3　S（1歳3ヶ月）　名古屋・けやきの木保育園
　　図1-4　T（1歳9ヶ月）　名古屋・ほしざき保育園
　　図1-5　S（1歳6ヶ月）　愛知・第一そだち保育園
　　図1-6　N（1歳2ヶ月）　名古屋・のぎく保育園

第2章

なぐりがきへの命名期
（2歳〜3歳ころ）

1）なぐりがきに名前をつける

　回転運動のなぐりがきが出現し始めるころに、子どもはなぐりがきに名前をつけはじめます。なぐりがきへの命名です。図2-1は2歳すぎのSちゃんのなぐりがきです。クレヨンで力強く回転運動のなぐりがきを描いています。「かみなり」とSちゃんが命名し、保育者が「でっかい、でっかい、かみなりだ」と共感すると、S「でっかい、でっかい、かみなりだ」「こうかいて……」と続けて描いていくうちに、「大きなおいも、これとこれ」と、最後はおいもになりました。この時期のなぐりがきへの命名は、なぜその名前がついたのか、描いた絵を見ても理解できないのが普通です。また、描いているうちに、この事例のように命名が変わっていくこともよくあります。この時期の命名は、描画と描かれた対象の間に何らかの類似性を子どもが発見しているというよりは、周囲の大人や子ど

図2-1　S
　　東京・労働者クラブ保育園1歳児クラス
S「かみなり」
保育者「でっかい、でっかい、かみなりだ」
S「でっかい、でっかい、かみなりだ。こうかいて……」
S「大きなおいも、これとこれ」
　　（53頁カラー口絵参照）

図2-2 M（2歳3ヶ月）名古屋・ほしぎき保育園

紙を前にしてニコニコ顔でした。腕を大きく動かして、ゆっくり描き、ひと呼吸おいて「ボール」と話していました。ボール遊びを楽しんだときのピンクのボールのようです。

もが絵に名前をつけるのを見て、名前をつける行為そのものを模倣していると言ってよいかもしれません（注1）。

ですから、まわりの大人や子どもたちが、絵を描いて名前をつけているのを発見し、子どもは絵に名前をつけること自体を楽しんでいるようです。1歳児クラスでは、友だちと同じことをまねして共感する姿がよく見られます。給食の時、一人の子どもがスプーンでテーブルをたたき始めると、一人、二人といっしょにたたき始める子どもが増えて、アッという間に全員に広がり、共感しあいながらいっせいにたたき始める姿があります。「スプーンでたたくなんてダメだよ」と思いながらも、友だちと共感しあいながらうれしそうにしている姿に、思わずニッコリしてしまう保育者の姿があります。絵でもだれかがなぐりがきを「かみなり！」と命名すると、友だちの描いているのを見てまねて「○○ちゃんのかみなり！」「かみなり！」とたちまち伝染していくことがよくあります。

2）表象の世界の入り口に

なぐりがきと命名との間に明確な対応がなくても、絵に名前がつけるのは大きな意味があります。それまでは描いた後に残った軌跡にすぎなかったなぐりがきが、その線以外の別のものを表しはじめるからです。「かみなり」と命名された線の固まりは、線以外の別のもの、この場合は「かみなり」を表し始めることになります。つまり、絵が表象の世界の入り口に立ったことになります。これ以降、絵を描きながら楽しくおしゃべりし、子どもたちはイメージの世界を楽しむことができるようになります。

もちろん、この時期でも命名となぐりがきに対応が見られるものもあります。図2-2は「ふうせん」と命名されています。この場合は、回転運動のなぐりがきが、丸いボール

図2-3 H（2歳1ヶ月）名古屋・のぎく保育園
水族館でいっぱいお魚を見てきたHくん。シュッ！シュッ！シューッ！と走るように描いていたよ。「おさかな、いっぱいいた」と教えてくれたよ。55頁カラー口絵参照

を表していて大人にもわかりやすい命名です。図2-3は2歳1ヶ月のHくんの絵です。「水族館でいっぱい魚を見てきたHくん。シュッ、シュッ、シューッと走るように描いていたよ。『お魚いっぱいいた！』と教えてくれたよ」と保育者が記録しています。意図的な表現ではないと思いますが、紙の上をシュッシューッとマーカーを動かしながら描いた跡がまるで水族館の水槽の中をたくさんの魚が泳いでいるようです。

　なぐりがきへの命名は、このように大人にとってわかりやすいものもあれば、わかりにくいものもあります。大切なことは、絵に名前をつけることを楽しみはじめた子どもたちに共感し、その生まれつつあるイメージの世界をともに楽しんでいくことです。

3）絵を描きながらイメージの世界を楽しむ

　最初は単語で絵に名前をつけはじめた子どもたちは、徐々に絵を描きながら、保育者やまわりの子どもたちとおしゃべりしながら、イメージの世界を楽しむようになります。図2-4は2歳2ヶ月のKくんの絵です。電車が大好きなKくん。なぐりがきをしながら

図2-4 K（2歳2ヶ月）名古屋・ほしぎき保育園
電車が大好きなKくん。「せんろー」と言ってはうれしそうに線やマルを描いています。「線路には何が走ってるの？」「誰がのってるの？」と聞くと、「Kちゃん」「パパ」「ママ」とうれしそうにおしゃべりしてくれました。

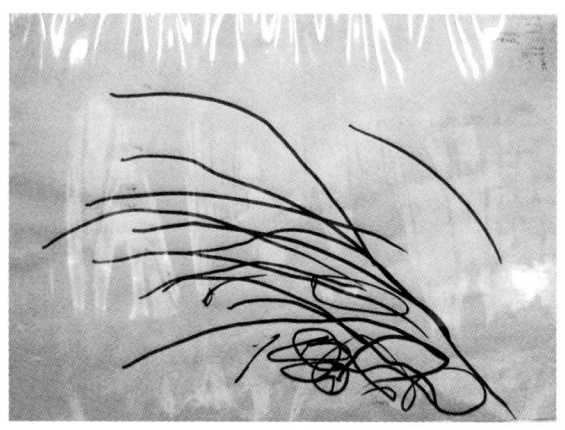

図2-5 H（2歳2ヶ月）名古屋・けやきの木保育園
グルグル丸や線を描きながら、おしゃべりをいっぱいします。小学校の校庭でお山作りや、おおかみごっこであそんだときのことを描いています。
H「にょろ、にょろ」「しぇんしぇー（先生）」「ののちゃん」「きんちゃん」「ななちゃん」「ゆらちゃん」、保育者「なにしてるのかな？」
H「おやま」「おおかみ」

「せんろ」と命名。保育者が「線路には何が走ってる？」と聞くと「でんしゃ」、「だれが乗ってるの？」「Kちゃん、パパ、ママ」と楽しくおしゃべりしながら描いています。このように絵を仲立ちにしながら、保育者と子どもたちがコミュニケーションしていくことを「対話活動」と呼ぶことがあります。図2-5は、2歳2ヶ月のHちゃん、近くの小学校の校庭で、オオカミごっこをしたのがとても楽しかったのか、いっしょにあそんだ先生や友だちを回転運動のなぐりがき（グルグル丸）や線で表現しながら、たくさんおしゃべりを楽しんでいます。

絵を描きながらイメージの世界を楽しむようになると、絵を描きながらごっこ遊びのように展開していくこともよくあります。図2-6は、2歳8ヶ月、Mちゃんのなぐりがきです。カラフルなグルグル丸は焼きおにぎり。「おにぎりまだやけてませーん」とごっこ遊びのようにおにぎりをひっくり返してあそんでいます。図2-7はTちゃんの絵です。クラスでは、お化けの絵を描くのがブーム。子どもが描いた恐いお化けの顔に、保育士が

図2-6 M（2歳8ヶ月）名古屋・名東保育園
色とりどりの丸はおにぎり。「やきおにぎり、まだやけてませーん」とひっくり返すしぐさを楽しんでいました。
53頁カラー口絵参照

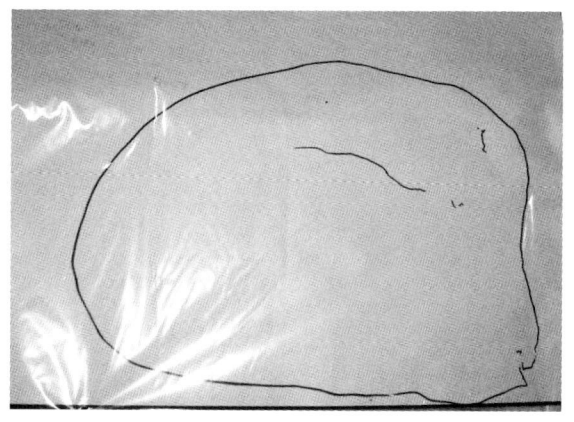

図2-7 T（2歳11ヶ月）名古屋・のぎく保育園
紙いっぱいに大きな丸を描いて、目・口を描くと「これね、お化けの顔だよ」と満面の笑み。「Tね、お化けになったの」と、お化けだぞって言うように少しおどかすような顔を保育士に見せては、保育士の「こわいよー」の声におおはしゃぎ。

「こわいよー」と恐がって見せると大喜び。絵を描いてのお化けごっこを保育者と子どもたちで楽しんでいます。

2歳の後半になってくると、縦の線や横の線も描けるようになってきます。図2-8は、横の線を描いて「ニョロ、ニョロ、へび」と楽しんでいます。図2-9は、縦の線で「トーマスのせんろ」「めいてつ（名古屋鉄道）のせんろ」「ちかてつのせんろ」と電車の線路を描いています。

さらに3歳前後になると閉じた丸が描けるようになります（図2-10）。閉じた丸も最初は、描き始めと終わりがうまくなめらかにつながらないで、でっぱったりへこんだりいろんな形の丸ができます。丸が描けるようになると、そのこと自体がうれしくて「見て、見て」と紙いっぱいにたくさんのとじた丸を描く姿がみられます。

4）なぐりがきへの命名期の描く楽しさ

なぐりがき期には、線や描いた軌跡を探索し保育者と共感することがおもな楽しさでし

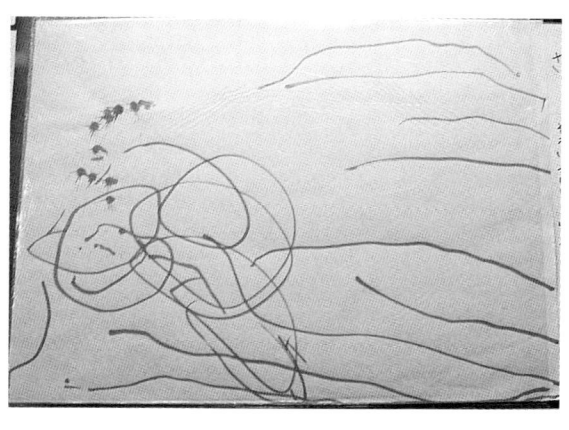

図2-8 A（2歳4ヶ月）名古屋・ほしざき保育園
「ニョロ、ニョロ、ヘビ」と言いながら、右から左へ、左から右へ、楽しそうにたくさん線を描いていました。グルグル、トントンと描き、保育者が「これ、なに？」と聞くと、うれしそうに「カビルンルン」と答えてくれたAくんです。

第2章 なぐりがきへの命名期　21

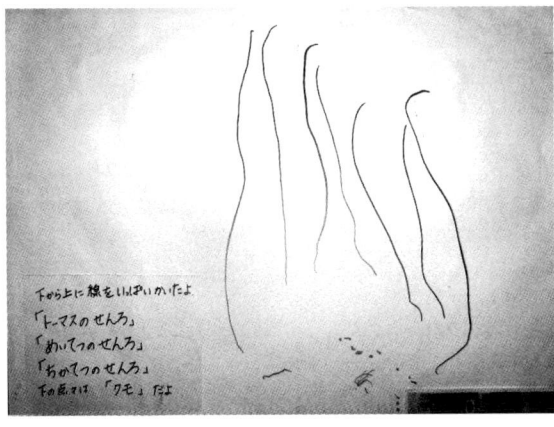

図2-9 H（2歳8ヶ月）
名古屋・のぎく保育園
下から上に線をいっぱい描いたよ。「トーマスのせんろ」「めいてつのせんろ」「ちかてつのせんろ」下の点々は「くも」だよ。

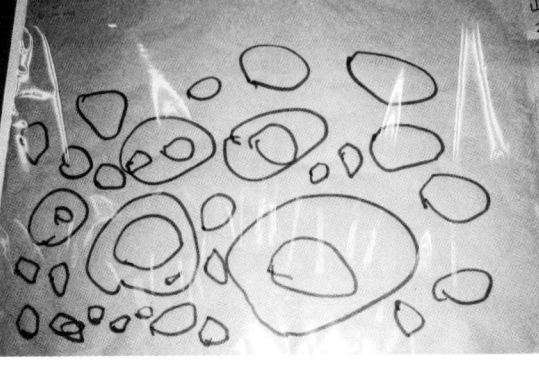

図2-10 A（2歳7ヶ月）
名古屋・けやきの木保育園
この日初めて閉じた丸をいっぱい描いた絵です。「まんまるちゃんいっぱいだよ。いっぱい、いっぱい、いっぱい。まるいーっぱい、ばらばらだよ」大好きなパネルシアターのまんまるちゃんを描きました。

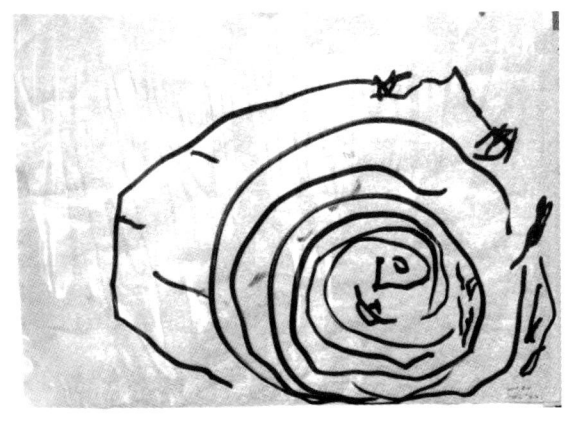

図2-11 M（2歳1ヶ月）
名古屋・けやきの木保育園
しっかりとした力強い線で何重にも重なった丸を描きました。描き終わると「おばけ」と命名しました。

た。なぐりがきへの命名期に入ると、イメージの世界で保育者とおしゃべりすることを楽しむようになります。大好きな家族、保育園の生活のなかで楽しかったことなどを保育者と絵を描きながらおしゃべりしたり、ときにはごっこ遊びのように楽しんでいます。

　一方、なぐりがき期の線や軌跡の発見の楽しさは、この時期でも引き続いて追及されています。**図2-11**では、線が重ならないように慎重に、うずまき状に同心円を描いています。「おばけ」と命名されていますが、こうしたなぐりがきでは、イメージよりも形態の追求がより優位になっているように思います。なぐりがきに名前がつくようになると、「何描いたの？」とイメージの世界と結びつけて理解することが多くなりがちですが、子どもは線や形態のおもしろさそのものを追求していることも忘れないようにしたいものです。

＜注1＞
初期のなぐりがきへの命名については、以下の文献を参照ください。
・田中義和「なぐりがきの表象機能の検討」『桜花学園大学保育学部研究紀要』第2号　2004年3月
・田中義和「なぐりがきから表現への発達的検討　―なぐりがきへの命名をめぐって―」『心理科学』10巻2号、8～13ページ、1987年

＜図（作品）・実践園＞
図2-1　S　東京・労働者クラブ保育園1歳児クラス
図2-2　M（2歳3ヶ月）　名古屋・ほしぎき保育園
図2-3　H（2歳1ヶ月）　名古屋・のぎく保育園
図2-4　K（2歳2ヶ月）　名古屋・ほしぎき保育園
図2-5　H（2歳2ヶ月）　名古屋・けやきの木保育園
図2-6　M（2歳8ヶ月）　名古屋・名東保育園
図2-7　T（2歳11ヶ月）　名古屋・のぎく保育園
図2-8　A（2歳4ヶ月）　名古屋・ほしざき保育園
図2-9　H（2歳8ヶ月）　名古屋・のぎく保育園
図2-10　A（2歳7ヶ月）　名古屋・けやきの木保育園
図2-11　M（2歳1ヶ月）　名古屋・けやきの木保育園

第3章

前図式期
（3歳～4歳ころ）

　3、4歳のころは前図式期と呼ばれることがあります。この後5、6歳以降は図式期と呼ばれますが、前図式期は、なぐりがきへの命名期から図式期への移行期に位置づけられます。なぐりがきから始まった描画活動の発達が一つの頂点をむかえます。それまでに描けるようになった線と閉じた丸を組み合わせ、生きいきと楽しくおしゃべりしながら表現するようになります。その典型的なものが、「頭足人」と呼ばれる人間の表現です。閉じた丸とそこから直接、手や足が描かれています。おたまじゃくしのような形なので、「おたまじゃくし人間」と呼ばれることもあります。この頭足人などで、生活の中で楽しかったことや印象に残ったことなどを楽しくお話しながら表現が生まれてきます。

1）頭足人で表現される楽しい世界

　図3-1は、京都・白い鳩保育園3歳児クラスのAちゃんの絵です。「ディズニーランドにいったん。おかあさんとお父さんとミッキーちゃんとミニーちゃん、Aとあかちゃん

図3-1 A（3歳児クラス）京都・白い鳩保育園
デズニーランドにいったん。お母さんとお父さんとミッキーちゃんとミニーちゃんとAとあかちゃんといっしょに写真とったん。
53頁カラー口絵参照

図3-2 S
静岡・伊東市立湯川保育園3歳児クラス
赤鬼こうやっていっ～ぱい豆なげたんだよ。ぼくがいっぱい泣いた。青鬼が怖かった。黒鬼もいたよ。「A先生も鬼につれていかれちゃったね。B先生もつれていかれたね」赤おに、金棒、グルグルにしてやっつけた。Sちゃんいっぱい泣いた。
53頁カラー口絵参照

といっしょに写真とったん」と保育者が記録しています。若いお母さんやお父さんが大好きなディズニーランド。全員が頭足人で描かれていますが、それぞれ特徴が描かれていて、ちゃんと一人ひとりがだれかわかります。上段の左側がおかあさん、腕にあかちゃんが抱っこされています。やはりその右隣りがお父さん。下段はAちゃんとミッキーちゃん、ミニーちゃんですが、真ん中の耳にリボンがついているのがミニーちゃんで、左がミッキーちゃん。右はAちゃんです。同じ頭足人でも、それぞれの特徴を描き分けて、家族で出かけた旅行の楽しい思い出が表現されています。

図3-2は、静岡・伊東市立湯川保育園の3歳児クラスSちゃんの節分の絵です。大きな赤鬼が金棒をもっています。豆を投げて「グルグルにしてやっつけた」と、赤鬼の上をグルグルと描きました。青鬼（左下）と黒鬼（右下）もいました。先生たちも鬼に連れて行かれ（左上）、「しょうちゃんもいっぱい泣いた」（右上）は目から涙が出ています。怖かった節分を思い出しながら描きました。

次ページの図3-3は、名古屋・ほしぎき保育園のCちゃん（4歳7ヶ月）の運動会の絵です。2007年の第39回全国保団体合同研究集会は、筆者の勤務校がある名古屋で開かれました。全国から9000人の保育者や保護者などが参加しました。厳しい保育をめぐる情勢の中でも、全国には子どもたちのために「よりよい保育」をめざすたくさんの人たちがいることに勇気づけられ、元気をもらえた集会でした。その集会のテーマソング「笑顔キラキラ」を園の運動会で取り組んだときの絵です。「うんどうかい、キラキラおどるの楽しかった」「みんながいて楽しかった」とたくさんの頭足人が踊っています。私の勤務する大学の学生たちも学生実行委員として参加し、開会集会で踊り、その後、大学に戻ってきてからも学生たちが集まるイベントがあると学生たちはよく歌いながら踊っていました。

このように家族で出かけて楽しかったこと、保育園の生活のなかで楽しかったことなどをたくさん話しながら表現してくれます。子どもといっしょに楽しかったことを思い出

図3-3　C（4歳7ヶ月）名古屋・ほしざき保育園
運動会で「キラキラ笑顔」を踊っているところを描きました。「みんながいたことが楽しかった」と Cちゃんのまわりには友だちがたくさんいます。

し、そのときの子どもの思いや発見におしゃべりしながら共感しあうのは保育者にとってもとても楽しい時間になります。慌ただしい保育園の生活のなかで、一人ひとりの子どもに向き合える貴重な時間にもなります。

　2）目立ちはじめる個人差

　この前図式期にあたる3歳児クラスぐらいになると、形や線を描く力の個人差が目立ってきます。人物の表現でも、頭足人間を脱して早くも胴体が描ける子がいる反面、閉じた丸もまだしっかり描けない子もいて、描く力の差が出てきます。
　先の図3-3「笑顔キラキラ」の絵では、すでに胴体が出現していて、そこから手足が出ています。一方で図3-4も同じ3歳児クラスの子の絵ですが、閉じた丸もしっかり描

図3-4　Y（3歳児クラス）名古屋・けやきの木保育園
「かけっこやってるの。よーいどんのやつ、うんどうかい」「でんしゃでゴー」「ひっこし鬼やってるの、ざりがに」「お父さん、お母さん、Mちゃん、おばあちゃん」

けていません。全体にクネクネと線が描かれていて、はっきりとした形が描かれていません。

　発達にはどの領域でも個人差があるのが当たり前ですが、描画活動の場合は、描く機会の多い少ないが、やはり大きな影響を与えているようです。保育園で描く機会が少ないと、家庭などでたくさん描いてる子とそうでない子との差が、そのまま描く力の差となってあらわれてくるように思います。

　このように3歳になっても頭足人が出てこない、丸が閉じないと、少し発達が遅いのではと保育者が心配になる場合があります。絵は描いたあとの線や形が残るので、どうしても形や線がしっかり描けているかどうかが気になります。線や形を描く力も描画活動では大切ですが、同時に子どもたちがどれくらい楽しく、自分の思いやイメージの世界を表現しているかを見ていくことも大切です。図3－4は運動会のすぐ後に取り組まれた絵です。担任の先生は、「運動会がとても楽しく生きいきと取り組むことができて、その運動会と結びつけて描画活動に取り組んだところ、子どもたちのお話もいっぱい出て楽しい絵になった。やはり楽しい経験と描画活動を結びつけていくことの大切さを再確認した」と話されていました。たしかに図3－4の絵は、描く力は十分とはいえないかもしれません。しかし運動会でかけっこや「電車でゴー」、保育者がザリガニになって追いかける引越し鬼や、運動会に来てくれた家族のことを楽しくお話しながら絵を描いていて、とてもすてきな表現になっています。そのことを大切に評価していきたいものです。自分の思いやイメージの世界を保育者やまわりの子どもたちと共感しあうなかで、子どもの描く意欲も高まり、やがて形や線を描く力も伸びていきます。

3）線や形の楽しさの追求

　一方で、一見すると意味のないイタズラ描きのような形や線を描くこと自体を子どもが楽しみ追求することもあります。なぐりがき期、なぐりがきへの命名期と進んでくるなかで、単なる線や丸が意味を持ったものを表現し、子どものイメージの世界が絵を描きながら発展していきます。しかし、なぐりがき期に追及された、線や線のかたまりの発見や探索は、それ自体でまた発展していきます。形や線の持つおもしろさを純粋に追求したのが次ページの図3－5です。これは寺内定夫さんの3歳のお孫さん、ミユちゃんの絵です（注1）。ミユちゃんはもちろん、家族や生活、アンパンマンなどの絵もたくさん描いていますが、このような抽象画のような絵もたくさん描いています。何かの意味を表現したものではなく、線や形のおもしろさを追求したものです。寺内さんは、線や形が生み出す「感覚的なファンタジーの世界」と呼んでいます。線や形、それらのシンメトリックな配置自体が持つ表情やリズムなどを楽しんで描いています。ミユちゃんのように凝縮した表

図3−5　ミユちゃん（3歳8ヶ月）

現でなくても、注意してみると、線や形の楽しさを追求した絵は珍しいものではありません。筆者の娘も3歳の時に、「せんろ（線路）」と言いながら、長い縦線を横に直交した短い線で区切った形を繰り返し描いている時期がありました。これも「電車」や「線路」などの意味の表現ではなく、むしろ線や形のおもしろさの追及がそこにはありました。それは形や線の美しさそのものの追及へと発展していく芽です。単なるイタズラ描きや意味のない線として、こうした表現は見逃されがちですが、子どもの表現の一つとして大切にしたいものです。

<注>
(1) 寺内定夫『花ひらく3歳』ＰＨＰ研究所　1995年

<図（作品）・実践園>
図3−1　Ａ　京都・白い鳩保育園3歳児クラス
図3−2　Ｓ　静岡県伊東市立湯川保育園3歳児クラス
図3−3　Ｃ（4歳7ヶ月）　名古屋・ほしざき保育園
図3−4　Ｙ　名古屋・けやきの木保育園3歳児クラス
図3−5　ミユちゃん（3歳8ヶ月）
　　　　出典：寺内定夫『花ひらく3歳』ＰＨＰ研究所　1995年　133ページ

第4章

なぐりがき期〜前図式期の指導

1）対話活動を通して描く楽しさを伝える

　なぐりがきから始まって、絵を描きながらイメージの世界を楽しむようになり、頭足人で楽しいお話をいっぱいしながら表現する段階になってきました。ここで、ここまでの時期の保育者の指導について考えてみたいと思います。

　はじめにでも述べたように、乳幼児期の絵の指導の基本は、絵を描く楽しさを子どもたちに伝えて、保育者も子どもといっしょに楽しむことです。では、この時期の子どもにとっての絵を描く楽しさとは何でしょうか？　これまでに紹介してきた子どもたちの絵を見ればわかるように、何よりもまず生活の中でのいろいろな思いやイメージを保育者と楽しくお話しながら描くことです。ですから、保育者の指導としては、子どもと向かいあい、子どもの話に共感しながら、イメージの世界を楽しく発展させていくことが大切です。

　子どもと向かいあって対話しながら描くといっても、どんどんおしゃべりしながら描いてくれる子どもばかりではありません。そんなときは、保育者のほうから「今日公園に行ってすべり台楽しかったね」などと話かけ、イメージのきっかけをつくっていくのもよいと思います。子どもが描いているときに保育者が話しかけると、子どものイメージをこわしてしまわないか心配という意見もあります。しかし、この時期の子どもの絵の発達を考えると、ちょうど絵がイメージの世界に入ったばかりの時期です。まだまだ、子ども一人でイメージの世界を展開して楽しむ力は十分とは言えません。こういう時期には、保育者がそばにいて、子どもの絵に共感し、対話を通してイメージの世界を発展させていくことで、より絵を描くことが楽しくなります。

　図4−1は奈良・あすかの保育園のHくんの事例です。園庭でだんご虫をとって遊んだ体験を担任の杉本先生と楽しく会話しながら描いています。この事例では、保育者が「今

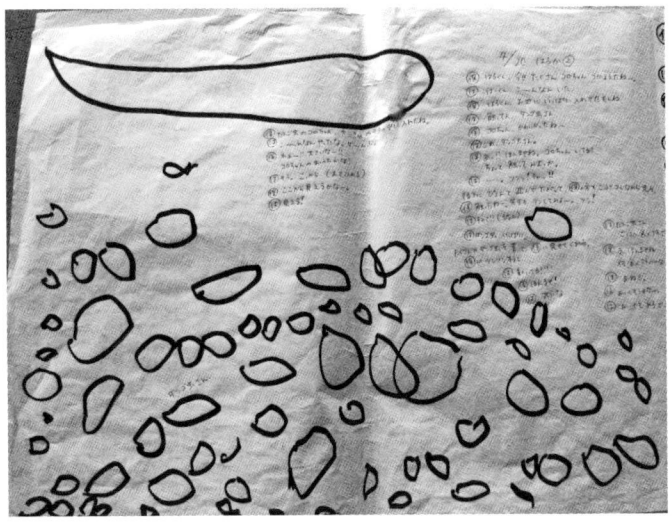

図4-1 H 奈良・あすかの保育園2歳児クラス（記録実践者・杉本先生）

保「今日　たくさんコロちゃんつかまえたね」
子「はる、こーんなん、いた」
保「はるくんお皿にいれてたもんね」
子「さわってん、だんご虫さん」
保「コロちゃんかわいかったね」
子「これ、だんご虫さん」
保「あっ！！　ほんまやね！　コロちゃんいてる！　さわってみよっか」
子「つんっ。きゃあ！」
　　　後ろにピョンと飛んで、保育者のほうをニコニコしてみる。
保「先生もツンしてみよ。キャ！」
子「キャアッ！！」（ぴょんとはねる）
子「だんご虫いっぱい！！」
　　　たくさんのだんご虫を次々と描いて保育者に見せてくれる。
　　　保育者がツンとすると、
子「動いてる！！」
保「ほんまや！」
子「まるいな」
保「ころちゃん、いっぱいやなあ」
子「だんご虫さん、ごはん食べてる」
保「何食べてるんかな？」
子「おねぎ」
保「おいしそうやねー」
子「お汁もあるで」
保「だんご虫さん。大きな水槽にいれたな」
子「こんなんやったな。ぜーんぶ」（大きい横長の丸を描く）
保「大きいなー、コロちゃんのお家かな？」
子「そう、ここから」（お手手を入れる）
保「ここから見えるかな？」
子「見える！」

日、コロちゃんたくさんつかまえたね」「はるくんいっぱいお皿に入れたもんね」「コロちゃんかわいかったね」と話しかけたことがきっかけで始まります。子どもがだんご虫を描きはじめ、つんつんと指でだんご虫をつっつくまねをしたり、だんご虫のごはんやお家へと、保育者とのやりとりを通してどんどん楽しいイメージが広がっていきます。

2）「何描いたの？」って聞いていいの？

　絵を描きながらの対話活動を進めていくときに、最初に「何描いたの？」と聞くと、子どもを傷つけないかという質問がよく出されます。たしかに幼児クラスでは、自分が大好きな「ざりがに」を描いているのに、保育者から「何描いたの？」と聞かれて、自分の絵が上手に描けていないと感じて傷つくということがあります。

　しかしこの時期の子どもたちにとってはどうでしょうか？　大人から見ると、なぐりがきを、線や形だけで何を描いたのか判断するのはとてもむずかしく「何描いたの？」と聞くことは自然なことだと思います。この時期の子どもたちは、自分の描きたいものの形のイメージを図式期の子どもたちほどはっきりとは持っていません。ですから、あまり描いた形の上手下手には、4、5歳児クラスの子どもたちのようなこだわりはないと思います。一つの円やグルグル丸、線で何でも表現できてしまう時期です。また、友だちと比較して、できる・できないを気にするような自意識もまだ未発達です。こう考えると、この段階では「何描いたの？」と聞くことにあまり神経質になる必要はないと思います。

　逆に「これ何描いたの？」って聞いてほしくて、子どもから要求が出ることもあります。高知・海津見保育園の中山さんの実践です。2歳児クラス。生活のなかで描くことを当たり前にと、食後やお昼寝の後などに1対1で描く取り組みを進めてきました。ある日のこと、お昼寝前に描く時間がなくなり、子どもたちに「起きてからお絵かきしようね」と声をかけると、「せんせい、これ何かいたって聞いてよ」と子どもから言葉が出ました。保育者といっしょに楽しく絵を描いてお話する時間。その始まりが「これ何描いたの？」です。中山さんもこの言葉を聞いて、子どもたちにとっても保育者との対話の時間が楽しみになっていることがわかり、感激したと書いています。「何描いたの？」って聞かれることは、この場合、子どもにとっては大きな楽しみとなっているのです。

3）対話活動をする時間は？

　子どもと向かい合って1対1で描くことの大切さを強調すると、保育のなかでいったいそんな時間をどうやって確保したらいいのか、と必ず質問が出されます。たしかに今の保育条件では困難なことで、それぞれの園でいろいろくふうして取り組まれています。

1、2歳児クラスでは複数担任なので、一人は子どもと向かいあって描く、その間もう一人の担任がほかの子どもたちの保育を担当するなど、役割分担しているところも多いようです。やりくりして、フリーの保育者に入ってもらったり、他クラスから応援してもらっている園もあります。時間も午前中、ほかの子が園庭であそんでいるときに順番にクラスの部屋で描いたり、午睡前の時間を利用したりとさまざまです。場所もクラスの部屋の片隅にコーナーを作ったり、廊下の端に机を持ち出したりして取り組まれています。

また、1対1の対話活動を形式的にとらえ必ず保育者一人に子ども一人でないといけないということでもありません。1対1の対話活動が大切なのは、絵を描きながらの子どもの思いやイメージを共感し発展させていくことにあります。それが保障されるなら、保育者一人に子どもが2名、3名でいっしょに描くことも可能です。保育者と子どもが複数で向かいあうことで、子ども同士の会話も広がり、絵のイメージがより豊かに楽しく発展していくこともよくあります。

あとで紹介する大きな紙にみんなで描く実践（39ページ参照）のように、複数の子どもたちと保育者とで大きな紙に楽しく会話しながら描く実践の中で、1対1で対話しながら描くことを取り入れていくこともできると思います。

4）なぐりがき期の画材

なぐりがきの画材には、マーカー、クレヨンなどいろいろなものが使われています。なぐりがきの最初の楽しさは、手を動かすと描いた後に線や軌跡が残ることの発見です。ですから、この時期は持ちやすくて、スーッと描いた線が残りやすいものが適しているようです。その点では、やはり描き初めは水性のマーカーが適しているように思います。この時期の子どもたちは、口に持っていってなめたりすることもよくあるので、食紅などを使って安全面に配慮したマーカーもあります。少しなれてきたら、クレヨンのように抵抗のある、少し筆圧が必要な画材も取り入れていくといいと思います。

この時期の子どもたちに適したマーカーは、市販のものは少ないようです。図4－2は「プチマジー」です。大阪保育運動センターで、現場の保育者の意見を取り入れて作られた「乳児用マーカー」です。握りやすいように持つところが球型で、色も安全性の高い水性インクが使用されています。色は6色あります。また、クレヨンなどに紙粘土を巻いて、子どものにぎり

図4・2　プチマジー

図4-3 A（1歳6ヶ月）名古屋・のぎく保育園
色かえるーと、次々とペンをとりかえて描いた線はのびのびとしていてすてき。立ち上がって身を乗り出して楽しいね。
54頁カラー口絵参照

やすい形の手づくりの画材を使用している園もあります。

5）色自体を感覚的に楽しむ

　この時期の色についてはどう考えたらよいでしょうか。マーカーは、子どもに選ばせるが、色は1色で描かせるようにしている園もあります。これは何色も使わせると、描きながらいろんなお話をしてイメージの世界を広げていくことより、色あそびになってしまうことが理由のようです。しかし、見方を変えれば色あそびも大切です。描いた線や形の発見と同じように、いろいろな色に出会うのもなぐりがきの楽しさです（図4-3）。色も少しずつわかるようになり、好きな色があり、好んでその色で描く子もいます（図4-4）。

　色に意味を持たせて、本格的に表現するのは、図式期（4、5歳児クラス以降）以降ですが、色あそびのなかで、色を感覚的に楽しむことが、後に色での表現の土台になっていくと思います。その意味では、マーカーの色だけでなく、なぐりがきをする色画用紙も大

図4-4 M（1歳9ヶ月）名古屋・のぎく保育園
この色がいいと自分で選んで、グルグル丸がいっぱい出ているよ。「アンパンマン」とうたいながら、まる！。
54頁カラー口絵参照

第4章　なぐりがき期〜前図式期の指導

図4-5 京都・洛陽保育園1歳児クラス 54頁カラー口絵参照

切です。京都・洛陽保育園の脇志津子さんは、子どもが選んだマーカーの色が映えるように色画用紙の色を選んで子どもに渡しています。色画用紙の色とマーカーの色の組み合わせでさらにカラフルな色の世界を楽しむことができます（図4-5）。

また、2歳児クラスぐらいになると、赤、青、黄色などの基本的な色の違いもわかり、色による見立てがはじまり、それがイメージの世界を広げていきます。図4-6ではMちゃんは、青の線は青の車、オレンジの線ではオレンジの車を表現しています。また、グルグル丸で描いたペロペロキャンデーも赤で描けば「イチゴのペロペロキャンデー」、オレンジで描けば「みかんのペロペロキャンデー」と、色によってイメージの世界が広がっていくこともあります。

6）「かいて、かいて」にどう対応するか

1、2歳児クラスの描画・表現活動の実践を交流しあうと必ず出てくる問題に「かい

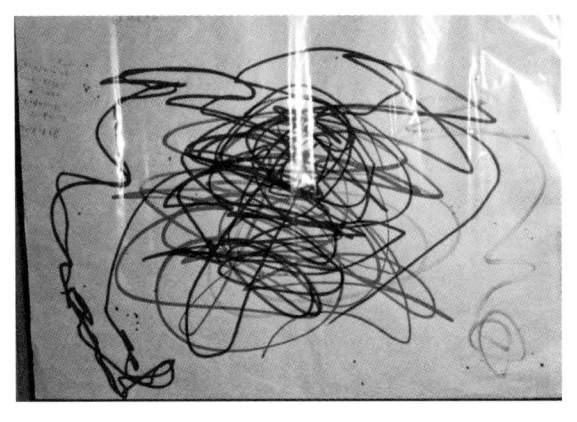

図4-6 M（3歳2ヶ月）名古屋・のぎく保育園
オレンジのペンととり、くねくね丸を描き、その上をなぞるようにして集中して描いてるMくん。保「いっしょうけんめいだね。何かいてるの？」M「道を車が走ってるの、オレンジの車が走ってるの」「道のとこは青なんだよ。青ははやいんだよ」保「みんなどこいくの？」M「水族館いくんだよ」
54頁カラー口絵参照

て、かいて」という子どもの要求にどう応えたらよいか、という問題があります。夏の全国保育団体合同研究集会の美術・造形活動分科会でも毎年のようにこの問題が出されます。「かいて、かいて」にどう応えるかは、賛否が分かれる問題です。先日も、ある研究会でこの問題が議論になりました。「歌では大人が歌ってみせるのは普通だし、踊りも大人が子どもに踊ってみせて、子どもたちはそれを見て覚える。でも絵については、子どもに描いてやることには抵抗があるけど、どうしてだろうか？　同じ芸術でも音楽と美術では違うのだろうか？」と、この問題への保育者のとまどいが大きいことが出されていました。

　まず、「大人が子どもに描いてやってはいけない」という主張があります。大人が描いてやることは「大人のイメージを子どもに押しつけることになり、子ども自身のイメージを損なう」、「『かいて、かいて』に答えていると、依存的になり自分から描かなくなる」という意見があります。しかし一方では、大人が「かいて、かいて」に積極的に応えていく、肯定的な意見も多くあります。「子どもは、小さい時にはなんでも大人の模倣をして新しいことを覚えていく。絵でも同じで、最初は大人が描いてモデルを示してやることが必要」、「年齢によるが、乳児のころは『雨が降ってきたー』とか、いっしょに描いて楽しむことも大切では」などの意見が出されます。

　どちらも説得力のある意見で、保育者としてはいったいどう考えたらいいのか、悩むところです。このような時は、まず「かいて、かいて」と要求する実際の子どもの姿にもどって、その要求の意味をていねいに考えていく必要があるでしょう。

　ある年の全国保育合研の分科会で、「園の方針では『かいて、かいて』には応じないように確認されているのだが、夕方の時間になるとパートの先生が、子どもの要求にどんどん描いてやるので困る。どうしたらいいだろうか？」と問題提起がありました。臨時職の先生と正規職の先生と、保育の方針をどう一致させて取り組んだらいいのだろうか、という投げかけです。たしかに、臨時職の先生が、全職員の半数を超える園がめずらしくないなかでは重要な問題ですが、これをきっかけに保育者が描いてあげることの是非に討論が進んでいきました。

　この場合は、夕方の時間に「かいて、かいて」が増えてくるところに注目してみる必要があります。保育園の夕方の時間。1日の保育園の生活も終わりに近づいて、お父さんやお母さんのお迎えも始まり、一人、また一人と、子どもたちが降園していきます。お迎えのお父さんやお母さんの「ただいま」という声と、うれしそうにとびついていく子どもたちの姿。お父さんやお母さんたちも、子どもたちの顔を見て職場での緊張感から開放され、ホッと一息つける瞬間ではないでしょうか。お迎えがまだな子どもは、友だちが帰っていくと、だんだんさみしくもなってくる時間です。一日の疲れも少し出てくるときに身近な保育者に甘えてみたくなり出てくるのが、「かいて、かいて」ではないでしょうか。

こんなときには、迷わず子どもの思いをまず受け止めていくのが自然ではないでしょうか。
　「かいて、かいて」には、このように子どもが不安定な気持ちになった時に出る、保育者に甘えたい要求の表れであることがあります。このような子どもの姿は、描画などの表現活動以外でもたくさんあると思います。下に弟や妹が生まれて、お母さんをとられてしまったような気持ちで不安定になる時。今までで着ていた衣服の着脱をやらなくなって、「やって」と甘えてくることがあります。そんな時保育者は、自分でできるのだから自分でしなさいと突き放したりはしないと思います。子どもの不安定な気持ちを受け入れて、やってあげることもあるのではないでしょうか。また、子どもの気持ちを受け止めたからといって、それ以降自分でできる着脱をまったくしなくなってしまうわけでもありません。子どもの気持ちが安定してくれば、また、意欲的にいろんなことに取り組んでいくという見通しも保育者にあると思います。絵についてもこのような場合、まずは受け止め描いてあげることがあってもいっこうにかまわないと思います。

「ひこーきかいて」のＨくん

　また、生活全体が依存的で、絵だけでなく「できない、やって」が多い子どもたちもいます。この場合は、絵だけでなくあそびや生活全体を意欲的にすごせるように働きかけていくことが大切です。しかし、生活やあそび全体が意欲的になれば描くようになるので、絵はそれまで待てばいいということではありません。生活全体が意欲的になるように働きかけると同時に、絵でも意欲的に表現できるように働きかけていく必要があります。
　２歳児クラスのＨくん。生活全体に受身的でなんでも「やって」が多いＨくんです。絵を描くときも、大好きな飛行機に「ひこーき、かいて」「ひこーき、かいて」を連発して、保育者に飛行機を描いてもらうと終わりになってしまうＨくんでした。そこで、保育者は、何とか絵を描く楽しさをＨくんに伝えたいと思い、飛行機を描いて終わらせるのでなく、「飛行機、だれ乗ってるのかな？」「だれが運転してるのかな？」「飛行機乗ってどこいくのかな？」と描きながら、Ｈくんとの会話を楽しむようにしました。Ｈくん、自分では描こうとしないのですが、少しずつ絵を描きながらの対話を楽しむようになってきました。「Ｈが運転してるの」「お父さんとお母さんとＨがのってるの」とうれしそうに話します。繰り返し保育者と描いて遊ぶなかで、徐々に自分でも描くようになってきました。保育者が飛行機を描いてやると、自分で「Ｈが運転してるの」と、自分を小さくグルグル丸で描きこみ、保育者が「お友だちも乗せてくれるかな？」と言うと、クラスの友だちの名前を言いながら、飛行機の中に描き入れて楽しむことができるようになりました（図４－７）。
　このＨくんの事例のように、「かいて、かいて」に答えてあげる時も、描いて終わりにするのでなく、その時に対話を楽しむようにしていくことが大切です。くり返しになりま

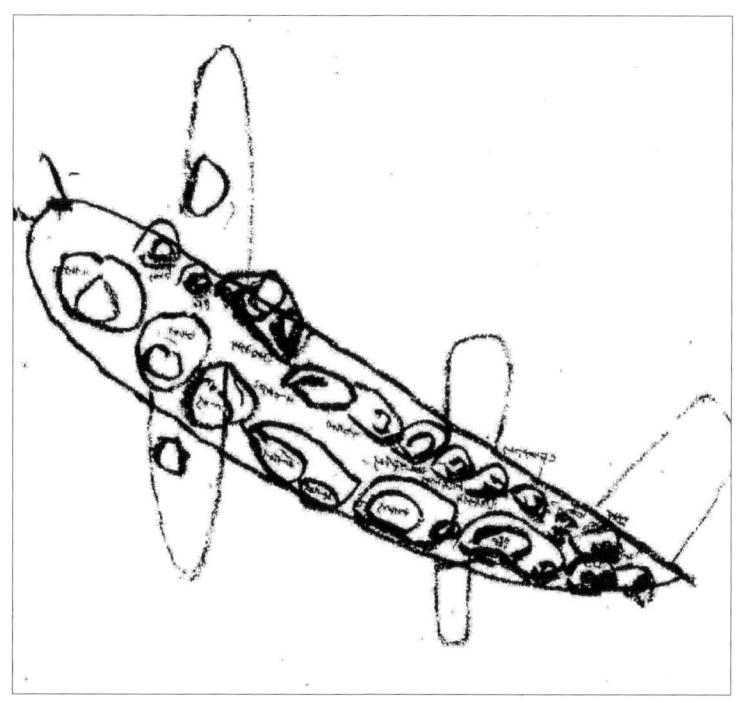

図4-7　H　　　　　　　　　　　　旭川・のびろ保育園2歳児クラス

「ひこうき　かいて」を連発して、自分では描こうとしなかったHくん。保育者と会話を楽しむ中で、自分でも少しずつ描くようになってきました。飛行機の輪郭は保育者が描いています。なかに小さくグルグルと丸で描いているのは、Hくんが描いた「のってる人」「運転手」「H」「Y先生」「M先生」「K」「T」……。なかよしのお友だちや大好きな先生をいっぱいのせて飛んでいます。

すが、この時期の絵を描く楽しさは、絵を描きながら保育者と対話し、イメージの世界を楽しむことです。最初は大人に描いてもらっていても、そこで楽しく対話することで、子どもたちに絵を描く楽しさを伝え、意欲的に表現を楽しむ子どもたちを育てていくことができます。

　「ひこうき、かいて」を連発して、自分では描こうとしなかったHくん。保育者と会話を楽しむなかで、自分でも少しずつ描くようになってきました。飛行機の輪郭（りんかく）は保育者が描いています。中に小さくグルグルと丸で描いているのは、Hくんが描いた「乗ってる人」「運転手」「H」「Y先生」「M先生」「K」「T」……。なかよしのお友だちや大好きな先生をいっぱい乗せて飛んでいます。

＜参考文献・図（作品）実践園＞
・高宮真貴「描いて・あそんで・笑って・描いて」『季刊保育問題研究』№242　新読書社　2010年
・中山桃子「ももせんせい、これなに描いたの？ってきいてよ」『子どもと美術』№56　2004年

　　図4－1　　H　奈良・あすかの保育園2歳児クラス
　　図4－2　　プチマジー
　　図4－3　　A（1歳6ヶ月）　名古屋・のぎく保育園
　　図4－4　　M（1歳9ヶ月）　名古屋・のぎく保育園
　　図4－5　　京都・洛陽保育園1歳児クラス
　　図4－6　　M（3歳2ヶ月）　名古屋・のぎく保育園
　　図4－7　　H　旭川・のびろ保育園2歳児クラス

第5章

楽しさ広げる多様な取り組み
（なぐりがき期〜前図式期）

1 大きな紙にみんなで描こう

　この時期には一人で1枚の紙に描くだけでなく、大きな紙に友だちといっしょに描く実践も取り組まれます。広い意味での「共同画」です。もちろん、このなぐりがき期〜前図式期では、年長クラスで取り組まれるような、一つのテーマを役割分担して描くような意図的な共同画はできません。しかし、大きな紙にみんなで、その場を共有して描くことは可能です。そこには一人で1枚の紙に描くのとは違った楽しさがあります。

　名古屋・どんぐり保育園の1歳児クラスの実践です。担任は斎藤由美先生です。園では、節分の日にとてもこわい鬼が出現します。保育者の実践記録から当日のようすを引用してみましょう。

　「節分の日、とてもこわいオニが1階の園庭にやって来ました。2階の園庭の柵ごしにそのオニを発見した子どもたち。体をふるわし保育士にしがみついて大泣きのそうたくん、さくらちゃん、こわいものは絶対見たくないと保育士にギュッと顔をくっつけてきます。
　こわいけど近くにいないからと泣かずに1階を見ていた他の子どもたちの近くに、別のオニがあらわれました。これにはみんな驚いて、泣きながら必死で部屋に逃げこもうとするのですが、部屋には入れず泣きながら保育士のもとへ。1階の園庭にはまた別のオニも現れ、太鼓を打ち鳴らしはじめます。こわいけどちょっと見てみたい子どもたちは半泣きになりながら下のようすを見ています。そうたくんとさくらちゃんはずっと泣きっぱなし。大きい子たちがオニにさらわれそうになります。お兄ちゃん、お姉ちゃんがいるさゆりちゃん、まゆみちゃんは柵をギューとにぎりしめて泣かずに下のようすを見ています。

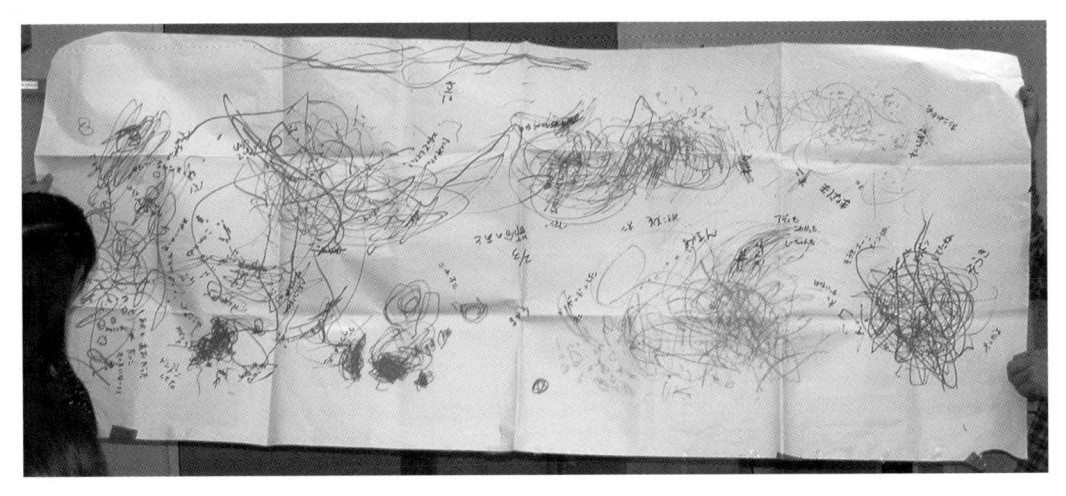

図5－1　名古屋・どんぐり保育園1歳児クラス　　　54頁カラー口絵参照

　半泣きしていたあさみちゃん、のんこちゃん、あきらくん、自分のお姉ちゃんやお兄ちゃんがつれていかれたら大変！　と泣きやんで見入っています。「オニは外」と大きい子たちが力を合わせてオニを追い払ってくれました。オニの姿が見えなくなってやっと泣きやんだそうたくん、さくらちゃん。ホーッと安心の空気が流れてきました。
　このあと、すぐに大きい紙にみんなで、今体験したことを描いて楽しみました。マジックを渡すと、子どもたちはたった今、経験したことをことばにしながらなぐりがきをはじめたのでした。「オニきたね」「こわかったの」と口々に。泣かずに見ていたさゆりちゃんもまゆみちゃんも描きながら「こわかったの」と気持ちを伝えてくれました。大泣きしていたさくらちゃんは「さくら、ママがいい！　おへや行くって泣いたの」と、そうたくんも「こわかった。そうた泣いた」と。保育士に顔をしっかりつけて絶対オニは見ないぞーと体中に力を入れていたさくらちゃんが「オニさんタイコドンドンしてたね」となぐりがきしながら話してくれました（目で見てなくってもしっかり耳から聞こえる音やみんなの声で1階のようすを感じていたようです）。あさみちゃんが「あかいのがいたね」というと、次々に「あおいのがいた」「みどりもいた」「きいろはいなかった」とオニの色を伝えあいます。お兄ちゃんがさらわれそうになったのんこちゃんはお兄ちゃんの名前を連呼。そうだね「お兄ちゃんオニにつれていかれそうになったね」と言うとつれていかれそうになっていた子の名前や保育士の名前を言いあうのでした。」（図5－1）

　こうして大きい紙にみんなで共通の体験を描くことは、一人ひとりの言葉が、他の子どもたちに反響し、次々と子どもの共感が広がり、一人で1枚の紙に描くよりもイメージの世界が広がり、発展していきます。また、描いたあとに壁に貼っておくと、「お昼寝から

起きてきた子どもたちは、その貼ってある紙を指さしながら『オニきたね』『こわかったね』と言い合い、お迎えにきたお父さん、お母さんにその絵を指さしながらオニがきてこわかったこと、太鼓をたたいていたこと、どんな色のオニがきたのかなどそれぞれが伝え」たりしています。このように怖かった思い出やときには楽しかった思い出を、自分たちが描いた絵を通して、繰り返し思いだし共感しあうなかで、体験したことが子どもたちの共通の思い出として心のなかに残っていくのでしょう。

2　ごっこ遊びと描画

　なぐりがき期から前図式期（1歳から3、4歳ころ）には、絵を描くことがごっこ遊びのように展開していくことがあります。ブロックや積み木を食べ物に見立てて保育者や友だちに食べさせたりする姿がよく見られますが、絵でもよく食べ物を描いてそれを食べるまねをして、ごっこ遊びのように展開していくことが見られます。このようなごっこ遊び的描画活動では、積極的に大人と子どもがいっしょに描いて楽しむ姿があります。

1）ごっこ遊び的描画

　筆者の娘、Aが2、3歳のころに、よく絵を描きながらごっこ遊びのようにあそんだことがありました。我が娘Aも、食べることが大好き。なかでもラーメンが大好きでちょっとおしゃれなレストランなどに入ったときも、大きな声で「A、ラーメンがいい」と言って、なんとも恥ずかしい思いをしたことも。そんなラーメンなので、よくオモチャでラーメンづくりのごっこ遊びをしていました。あるとき、父親である私が、Aと絵を描いているときに思いついて、ラーメンを描いてみました。大きなどんぶりを描いて、その中にアツアツの麺を「熱いよー！」

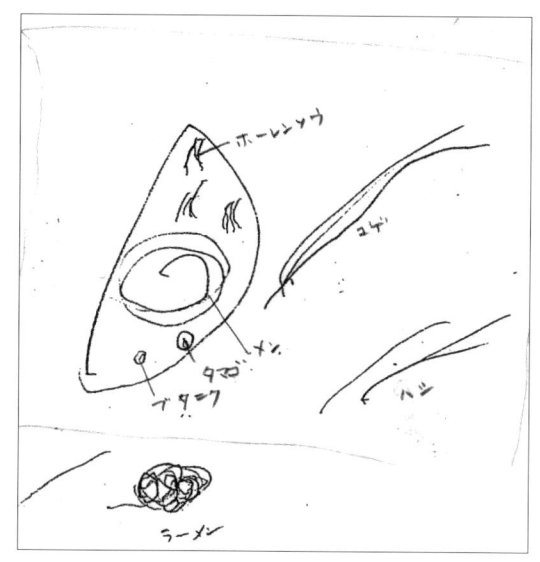

図5－2　A（2歳8ヶ月）「ラーメン」
どんぶりの中に「めん」「ほーれんそう」「ぶたにく」「たまご」と描いて、「ゆげ(湯気)」（上の線）が出ている熱々のラーメンを「はし」（下の線）で、フーフー吹きながら食べました。

といいながら描き、そこにスープを入れ、豚肉、ネギ、ほうれん草と具を描いていきました。最後には、父親とＡの二人分の箸を描いて、その箸を手でつかんで、ラーメンを「熱いよ」「フーッ、フーッ」と吹きながら二人で食べるまねをしてあそびました。これには娘も大喜びで、娘といっしょにラーメンを描くのは我が家の定番の遊びとなりました。最初はほとんど私が描いていましたが、繰り返しいっしょに描いてあそんでいるうちに、だんだんにＡが自分でアレンジしてどんどん描くようになりました。図５－２は絵で描いてあそんだ「ラーメン」です。細長い閉じた形が、「どんぶり」、中に「めん」「ぶたにく」「たまご」と具が入ります。アツアツの麺なので２本線で「ゆげ（湯気）」が描かれて、その下に同じく２本線で描いた箸があります。この描いた箸を持つまねをして、アツアツのラーメンをフーフー吹いてさましながら食べてあそびます。このラーメンを描いてのごっこ遊びは、おそばをゆでて食べたり、お弁当箱を描いて、「たまごやき」「サンドイッチ」と自分の大好きなものを描き入れて食べる遊びに発展していきました。

絵本のストーリーを大人と子どもで描いてごっこのようにあそぶこともあります。図５－３は絵本『三びきのやぎのがらがらどん』を、保育者が子どもといっしょに描いて楽しんだ絵です。最初に保育者が２本の横線で「橋」を描いてやります。そうすると１番はじめに「ちいさいやぎのがらがらどん」が「カタコト、カタコト」と橋をならし、マーカー持つ手を動かしながら橋を渡っていきます。するとトロル（右下）が「だれだ、おれの橋をカタコトさせるのは」と現れます。つづいて２番目のやぎのがらがらどんが、「ガタ、ゴ

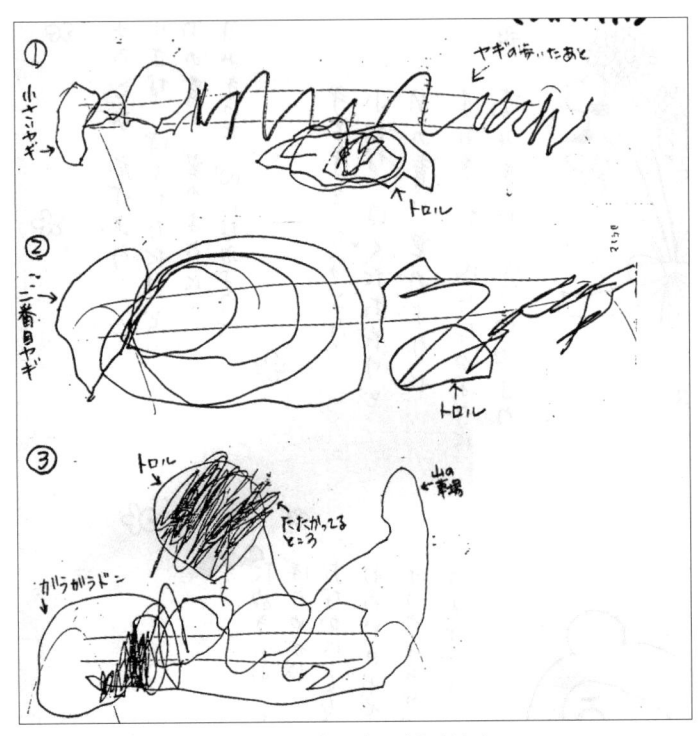

図５－３　Ｓ　「三びきのやぎのがらがらどん」
旭川のびろ保育園２歳児クラス
橋を保育者が描いたあと、①から③の３部作を描きました。ガラガラドンのお話をしながら、小さいやぎ①、２番目やぎ②、大きいヤギ③、とトロルのやりとりを表現しました。

ト」と渡っていき、トロルとやりとりを繰り返します。3番目の「おおきなやぎのがらがらどん」が最後に橋を「がたん、ごとん、がたん、ごとん」と渡っていき、今度はトロルと戦いになります。そしてトロルはやっつけられて、トロルをあらわす丸はぬりつぶされています。トロルを「こっぱみじん」に粉砕すると、「山の草場」へ登っていきます。このように保育者といっしょに描いてお話しながら、『三びきのやぎのがらがらどん』を楽しみました。

2）描いてごっこを楽しもう

ごっこ遊び的描画活動は、屋外でも楽しむことができます。四日市・ひよこ保育園2歳児クラスの中西美智先生は、散歩に出かけて道路や壁に子どもたちといっしょにジャンボチョークを使って描いてあそんでいます。りんごなどの絵を描いたジュース屋さんごっこでは、子どもたちは保育者のまねをして描いたり、「ジュースください」と楽しみました。また、海の見える丘では、保育者が大きな丸で「おなべ」を描いてやると、子どもたちが木や葉っぱや石を拾ってきて入れて「カレーつくっとんのや」とカレーライスの歌を歌いだしました。保育者が大きな丸を描くと、子どもたちが「おふろや、おふろや、はいろ、はいろ」と中にしゃがんでお風呂ごっこ。子どもが「あたまもあらわないかん」と言うので、保育者がチョークでシャンプーボトルを描いてやると、さらに遊びが広がり、子どもたちは「あたま、ゴシゴシ」と洗うまね。また、しゃがみこんで「あったまるー」とお風呂ごっこを楽しみました。チョーク一本で、保育者と子どもたちに多様なごっこ遊びの世界が広がっていきます。中西先生は、こうしたチョークで描く遊びに取り組んで、「イメージを持ちにくい子もイメージが広がり、保育者も子どもたちも描きながらとっても楽しめるけど、大人のイメージを子どもに押し付けることにならないか、心配な面もある」と指摘しています。

「とっきゅうでんしゃ、しゅっぱつしんこう！」
大人が描いてやると子どもにイメージを押しつけることにならないか。この点について検討しているのは、京都・朱一保育所岡本智之先生の「とっきゅうでんしゃ、しゅっぱつしんこう！」の実践です。電車の大好きな0・1歳児りす1組の子どもたち、散歩で電車を見たり、絵本『しゅっぱつしんこう』が大好き。12月、みんなでいっしょに描くことも楽しめるようになってきたので、画用紙8枚を1列につなげて、みんなで描きました。すると、Tくんがグルグルと描いて「でんしゃ」と名前をつけ、まわりの子たちも「でんしゃ」「でんしゃ」と描いて、紙の上がいっぱいになりました。そこで保育者が、子どもたちの大好きな絵本『しゅっぱつしんこう』とつなげて、「とっきゅうでんしゃ、しゅっ

ぱつしんこう」とかけ声をかけて、クレパスで線を描きながら、紙の周りをまわり始めました。クレヨンを特急電車に見立てたごっこ遊びです。するとTくんがさっそく「しゅっぱつしんこう！」と声をあげて、保育者といっしょにクレパスを走らせ始めました。楽しそうなその姿に他の子たちも次々と電車を走らせ始めて、全員で1列になって楽しみました。保育者が「とっきゅうでんしゃ！」と声をかけると、子どもたちが「しゅっぱつしんこう！」と答えて、何度も何度も繰り返しあそびました。

　この実践を振り返って岡本先生は「子どもたちの絵の中に保育者が描くことは賛否両論あると思いますが、今回の実践でも保育者がいっしょに描く働きかけがあったからこそ、子どもたちの共通のイメージがふくらみ、絵のなかで電車ごっこを楽しむことができたと思います」とまとめています。

　岡本先生が指摘しているように、大人がいっしょに描くのは、モデルを示して大人と同じように描かせることが目的ではありません。こんなふうに描いたら楽しいよという楽しみ方を子どもたちに伝えているのです。こんな大人の関わり方は、ごっこ遊びでは当たり前のことです。子どもが砂場でプリンカップに砂を入れてひっくり返してあそんでいたら、保育者は「プリンおいしいね」と食べて見せたりします。そこから、保育者や友だちに「どうぞ」と食べさせたり、ごっこ遊びに発展していきます。保育者が描いてやるのもこの場合と同じです。この時期は、絵を描くことが、まだまだごっこ遊びなどの他の遊びと未分化で、絵を描くことの意味は大人とは違った面があります。保育者もいっしょに描いて子どもと楽しく遊ぶことも積極的に位置づけていいのではないでしょうか。

　3歳ごろに我が家の娘といっしょに楽しんだ「これなーんだ？」遊びがあります。絵の一部分を描いて、何を描いたか当てる遊びです。最初、紙に父親が1本の縦線を描きます。そして娘のAに「これ、なーんだ？」と聞きます。するとAは「いち（数字の1）」（何たる想像力の無さ！）。すぐに父親が「残念でした。ストローでした」と1本の線に描き加えてストローを完成させます。続いてもう一度縦線を描いて、「これ、なーんだ？」と聞くと、今度は待ってましたとばかりに「ストロー！」と答えます。「残念でした。お箸でした」と、線からお箸を完成させると、大喜び。繰り返しあそんでいると、「これなんだしよー」とAのほうから誘ってくるようになり、Aが描いて「これ、なーんだ？」と父親に聞きます。わざと答えを間違えてやると、「残念でした。○○でした！」と何度も繰り返し、我が家の定番の遊びになりました。イギリスにはスクィグルというゲームがあるそうです。最初に一人が線を描き、あとの一人がそれを使って何かを完成させ、それを交互に繰り返す遊びです。こちらのほうが、ずっと高度ですが、「これ、なーんだ？」遊びと共通した楽しさがあるように思います。

　ときにはごっこ遊びのように、また、ときにはあてもの遊びのように、あまり構えずに絵を描くことを大人も子どもたちといっしょに楽しみたいものです。

3　ぬたくりを楽しむ

　フィンガーペインティングなどのぬたくりを楽しむ活動もなぐりがきの時期にはよく取り組まれる活動です。0歳児クラスの後半ぐらいから、絵の具を手につけてぬたくりを楽しむことができます。

　1歳児クラスになると保育者の作ったさまざまな手作りタンポを使ったぬたくりを楽しむ遊びが取り組まれます。フィルムケースを使った手づくりタンポもいろいろな園で利用されています。図5-4の上の部分はフィルムケースにスポンジを切って押し込んだもの。これに絵の具をつけて、トントンしたり、シューッと紙の上を動かして、描いたり、ぬたくったりしてあそびます。図5-5は京都・洛陽保育園1歳児クラスの作品です。フィルムケースタンポに絵の具をつけて、色画用紙でポンポンして遊んだあとに、保育者が金魚の形に切り抜いて、壁面にして飾りました。

図5-4　手作りタンポ
上がフィルムケースにスポンジのタンポ、下がタオルを巻いたタオルタンポ

図5-5　京都・洛陽保育園1歳児クラス
55頁カラー口絵参照

図5-6　京都・一乗寺保育園1歳児クラス
55頁カラー口絵参照

　図5-6は京都・一乗寺保育園1歳児クラスの作品です。おしぼりのタオルなど巻いて作ったタオルタンポを使っています。保育者の描いたかたつむりに、タオルタンポでポンポンとスタンピングしています。

　図5-7は注入型のフィルムケースタンポです。フィルムケースのふたをあけて、中に溶いた絵の具を入れて使います。底にあいた穴から絵の具が染み出てきます。この注入型なら、途中で絵の具をつけなくても描き続けられるので便利です。図5-8は描けなくなったマーカーの芯を引きぬいて作った注入型タンポです。こういうタンポは線描きもできます。このほかにもローラーやひげそりのブラシなどいろいろな物がぬたくりを楽しむのに使われています。

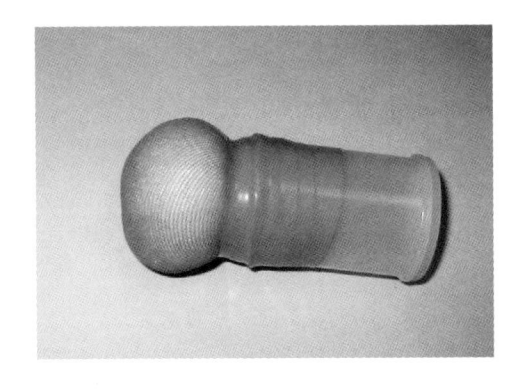

図5-7　注入型のフィルムケースタンポ 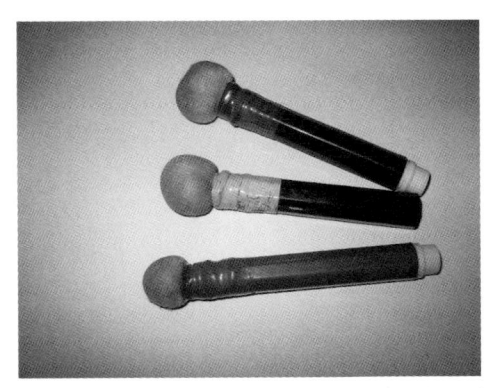　　図5-8　マーカーの芯をぬいて作ったタンポ

節分の鬼にタンポで描く

愛知・第1そだち保育園の1歳児クラスの実践です。節分のあと、保育者と子どもたちで、鬼遊びがもりあがっていました。「オニやる！」と「ドシン、ドシン」と友だちや保育者に向かっていったり、「オニは外！」と豆を投げられると「イテテテッ！」と逃げたりしてあそんでいました。

そこで、保育者の描いた鬼の絵にタンポで描くことに取り組みました。鬼の絵を見せるとちょっと固まってる子もいましたが、絵の具でタンポを使ってあそびました。タンポで色をつけながら、「赤オニさんだよ」「豆投げてやっつけたよね」「あっちに逃げていったんだよ」と友だち同士や保育者とやりとりを楽しみました。

じつは当日の鬼役の保育者がうっかりパンツをはくのを忘れて、廊下でパンツをはいているところを子どもたちに目撃されてしまいました。子どもたちに強く印象に残ったようなので、鬼にパンツをはかせることにして、パンツさがしに出発。押入れの中に黄色の色画用紙で作ったパンツを発見。でも、パンツにはしましま模様がありません。「オニのパンツしましまだったよ」の子どもの声に、マーカーでパンツの模様をなぐりがきして、鬼にはかせました（図5−9）。できあがると、「○○のだー！」と子どもたちは大喜び。そのあとも「○○のオニさん」と呼んだり、「オニは外！」と豆を投げるまねをしたりなど、そこからまたさらに鬼あそびが盛り上がっていきました。

このように生活のなかで共通に経験したことを、楽しくおしゃべりしながらタンポで描いて、恐かったね、楽しかったねと共感しあうなかで、一人ひとりの経験がみんなの経験になり、子ども同士の関係が育っていきます。

図5−9
愛知・第1そだち保育園1歳児クラス
55頁カラー口絵参照

4　感触あそび

　食材などを使って、その感触を楽しむ遊びもこの時期によく取り組まれます。使われる材料も、小麦粉、片栗粉、おから、こんにゃく、高野豆腐、ぬか、パン粉、スライム、石鹸のあわ、などほんとうにいろいろなものが使われています。

1）片栗粉の感触あそび

　ここでは片栗粉での感触あそびの実践を紹介しましょう。
　愛知の第一そだち保育園の1歳児クラス。クラスの部屋の床に透明なビニールシートを敷きつめて、その上でパンツ一枚になって、片栗粉遊びです。以前、青いビニールシートを敷きつめてやろうとしたところ、いつものクラスの部屋と違った雰囲気に、子どもたちがびっくりしてしまって取り組めなかったそうです。たしかに床がブルーになってしまうなんて、子どもにとってはわけがわからず異様な雰囲気です。それからは透明なビニールシートにかえました。
　まずは、片栗粉を出してきて（図5-10）、つかんだり、にぎったり、粉そのものの感触を楽しみます。片栗粉のキシキシとした冷たい感触は、小麦粉の優しく、温かい感触とはまったく違います。パンパンと両手ではたいたり、「お化粧しようね」と、お顔にぬったりして楽しみます（図5-11）。
　しばらく粉で遊んだあと、水を加えていきます。水の量によって、片栗粉がドンドン変化していきます。食紅などで色を着けてもおもしろいです。どろどろした片栗粉を手で

図5-10
　　愛知・第一そだち保育園1歳児クラス
片栗粉を出してきて、パンパンとたたいたり、身体につけたりして感触を楽しみます。

図5-11
　　愛知・第一そだち保育園1歳児クラス
片栗粉でお顔にお化粧しました。

図5－12
愛知・第一そだち保育園1歳児クラス
手のひらを開くと、片栗粉の固まりがダラーッと流れだします。その感触の不思議さに、何度も繰り返してあそびます。

図5－13
愛知・第一そだち保育園1歳児クラス
楽しい雰囲気が盛り上がってくると、友だちの身体にお互いにつけあって遊ぶ姿もでてきます。

ギュッと握ると固まりに。手のひらを開いて力をぬくと、固まっていた片栗粉がドローッと溶けだします。その不思議な感触に子どもたちも夢中になります（図5－12）。水分がぬけた片栗粉を丸く固めておだんごを作ったり。クラス中が楽しく開放的な雰囲気になってくると自然と子どもたちの関わりも出てきます。友だちに背中に片栗粉をつけられて、今度は振り向いて、友だちにつけ返して笑顔で共感しあう姿もありました（図5－13）。

　この片栗粉の感触あそびは、大人もはまります。毎年、大学の授業で実践するこの片栗粉スライムは学生たちに大人気。片栗粉の固まりがドローッと溶けていく不思議な感触にあちこちで歓声があがり、何度も何度もあきずに繰り返す姿が見られます。この片栗粉の不思議な現象は、物理学で「ダイラ・タンシー現象」と呼ばれているものです。力を加えると液体が固体になり、力を抜くと固体が液体にもどる現象です。テレビ番組の科学マジックなどで、水槽にいっぱい入れた液体の片栗粉の上を人が走って見せるのがあります。このマジックもダイラ・タンシー現象を応用したものです。片栗粉の他にコーンスターチなども同じ現象が起こります。

　図5－14は、糸こんにゃくを使った感触あそびです。寒天のプルンプルンの感触を楽しんだり、

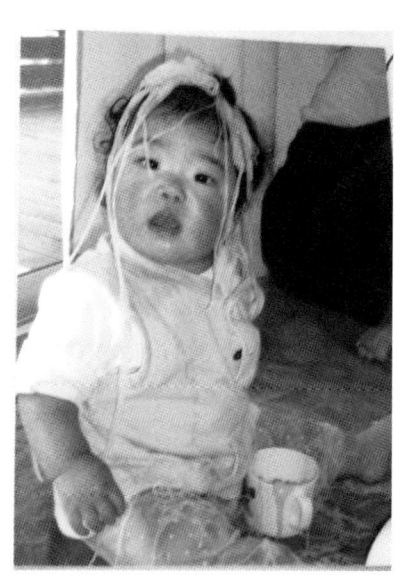

図5－14　名古屋・のぎく保育園
1歳児クラス
糸こんにゃくで髪を飾ってみました。

第5章　楽しさ広げる多様な取り組み　　49

寒天を入れた器の底にお宝を入れて取り出してあそんだりもします。

2）苦手な子・いやがる子への対応

　この感触あそび、取り組んでみると必ず感触をいやがり、さわれない子がいます。京都・朱一保育所の間瀬直美さんの苦手な子への対応を紹介しましょう。

　手が汚れることがきらいなＡくん。片栗粉あそびでは、粉の状態だとさわって遊べますが、水を粉に加えるとさわれません。しばらくして、ぬかあそびに取り組みました。園庭にビニールシートを敷き、子どもたちはパンツ１枚でお湯でこねたぬかで遊びました。あったかくて、いいにおいのするぬかを、「うわぁ、なんかいいにおいするな」「あったかいなぁ。気持ちええわぁ」とおだんごやおにぎりをいっぱい作りました。Ａちゃんも「おにぎりたべるか？」「おだんごか」と声をかけると、小さいおだんごを手で受け取り、すぐに持っていたカップの中に入れて持ち歩いていました。手でさわることはできなくても、カップの中に入れて関わりが持てるようになりました。
　２回目のぬかあそびでは、ホットケーキのように手でぺたぺたしたり、丸めたりと意欲的な姿も見られ、保育者が片付けようとすると寝転んでいやがりました。

　このＡちゃんなどへの対応から、間瀬さんは苦手な子への対応を次のようにまとめています。①まずは無理強いせずに、友だちが楽しく遊んでいる姿などを見せながら、やってみたい気持ちを育てていくこと。そして、②段階を追って、少しずつ慣れるように配慮していくことが大切です。③直接手にふれるのがいやだったら、カップに入れたり、子どもの手をビニール袋の中に入れ手袋みたいにすると、さわって遊べる子もいる、とのことです。

3）感触あそびの楽しさ

　こうした感触あそびの楽しさは、どこにあるのでしょうか？　まずは、多様な素材に働きかけて、自分の身体の感覚を通して、それぞれの素材を感じる楽しさがあります。小麦粉のやさしい感触、水を入れてこねたときの弾力性、片栗粉のひんやりとスベスベした感触、パン粉のざらざらした手触り、水と混ぜたときのいい匂いなどの感覚的な快感の楽しさです。さらにどの素材も変化する素材といわれるようにとても可塑性の高いものです。この時期の子どもたちの持ってる力で働きかけても、簡単に多様な変化が起こります。パン粉をパラパラと手のひらから落としたり、水を混ぜて丸めておだんごにしたり、自分が

働きかけて、引きおこした結果を何度も何度も繰り返し試しながら、素材の多様な変化を追及していきます。

　また、感触あそびはとても開放的な雰囲気を作り出し、その中で共感関係の生まれやすいあそびです。共感とは、他人の感じている思いをいっしょに感じることと考えると、こうした身体感覚に直接感じるような感触あそびの楽しさは、いっしょに遊んでいる子どもたちの間で共有しやすいものではないでしょうか。素材の感触や変化を保育者や友だちと共感しあうことで、感触あそびもふくらんで、子どもたちの心が開放的なものになっていきます。

4）食材であそぶことへの批判

　感触あそびの材料に食べ物を使うことに批判が出されることがあります。世界中には毎日食べるものも十分でない子どもたちがたくさんいる中で、食べるもので遊ぶのは抵抗があるという意見もあります。食育が大切に取り組まれているのに、食べ物を粗末にすることにつながらないかという心配も出されます。

　たしかに、こうした意見には共感できるものがあります。しかし、食べ物で感触あそびに取り組むことは、決して食べ物を粗末に扱うことではありません。感触あそびを楽しむなかで、子どもたちの身体ではなく、心の発達の栄養分として食べ物を使っていると考えればよいのではないでしょうか。

＜参考文献・図（作品）の実践園＞

1
・斎藤由美「1歳児の楽しさあふれる描画活動　共感関係をふくらませて」『現代と保育』　№67　ひとなる書房　2007年

　図5-1　名古屋・どんぐり保育園1歳児クラス

2
・田中義和『描くあそびを楽しむ』ひとなる書房　1997年
・四日市ひよこ保育園　2007年度保育実践集「描く楽しさ創る楽しさを子どもたちとともに」
・岡本智之「とっきゅうでんしゃ　しゅっぱつしんこう！」京都保育問題研究会『保育

びと』　第14号　1999年

　　図5-2　A（2歳8ヶ月）
　　図5-3　S　旭川・のびろ保育園2歳児クラス

3
　　図5-4　手作りタンポ
　　図5-5　京都・洛陽保育園1歳児クラス
　　図5-6　京都・一乗寺保育園1歳児クラス
　　図5-7　注入型のフィルムケースタンポ
　　図5-8　マーカーの芯をぬいて作ったタンポ
　　図5-9　愛知・第一そだち保育園1歳児クラス

4
・間瀬直美「感触遊びの世界をもっと広げよう　1歳児クラスの子どもたちと感触遊び」『保育びと』No.14　京都保育問題研究会　1999年

　　図5-10　愛知・第一そだち保育園1歳児クラス
　　図5-11　愛知・第一そだち保育園1歳児クラス
　　図5-12　愛知・第一そだち保育園1歳児クラス
　　図5-13　愛知・第一そだち保育園1歳児クラス
　　図5-14　名古屋・のぎく保育園1歳児クラス

はじめに～第5章までの
カラーの図（抜粋）です。

本文9頁参照
図1 節分
　　　京都・一乗寺保育園5歳児クラス

本文17頁参照　**図2-1** S（1歳児クラス）
　　　　　　　東京・労働者クラブ保育園

本文20頁参照　**図2-6** M（2歳8ヶ月）
　　　　　　　名古屋・名東保育園

本文24頁参照　**図3-1** A（3歳児クラス）
　　　　　　　京都・白い鳩保育園

本文25頁参照　**図3-2** S
　　　　　　　静岡・伊東市立湯川保育園3歳児クラス

口絵　53

本文33頁参照　　図4-3　A（1歳6ヶ月）
　　　　　　　　　　　　名古屋・のぎく保育園

本文33頁参照　　図4-4　M（1歳9ヶ月）
　　　　　　　　　　　　名古屋・のぎく保育園

本文34頁参照　　図4-5
　　　　　　　　　京都・洛陽保育園1歳児クラス

本文34頁参照　　図4-6　M（3歳2ヶ月）
　　　　　　　　　　　　名古屋・のぎく保育園

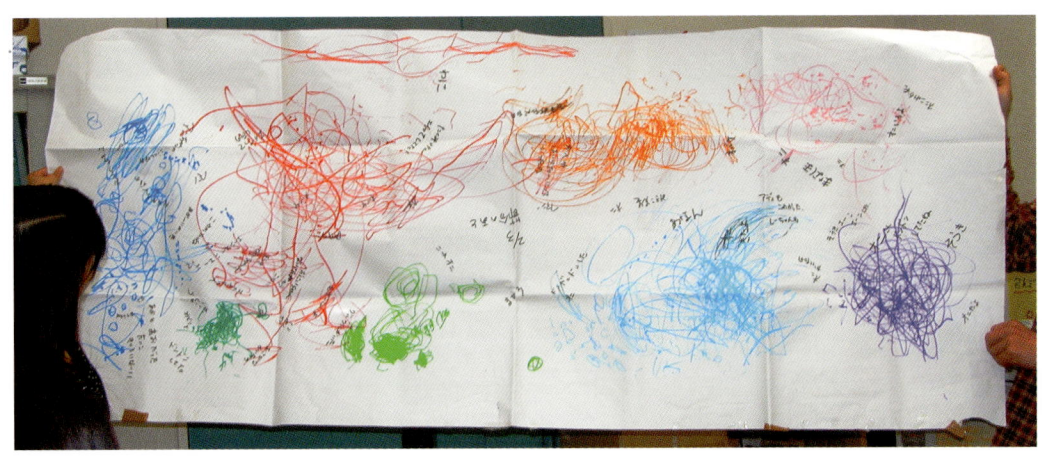

本文40頁参照　　図5-1　名古屋・どんぐり保育園1歳児クラス

本文45頁参照　　図5－5
京都・洛陽保育園1歳児クラス

本文46頁参照　　図5－6
京都・一乗寺保育園1歳児クラス

本文47頁参照

図5－9　愛知・第1そだち保育園1歳児クラス

本文19頁参照

図2－3　H（2歳1ヶ月）　　名古屋・のぎく保育園

第6章

図 式 期
(5歳〜6歳以降)

1　図式期の特徴

　図式期は、年齢でいうと5、6歳以降、保育園・幼稚園では4歳児クラス、5歳児クラスがこの時期にあたります。この時期は、いわゆる子どもらしい特徴を持った楽しい絵が出現する時期です。なぐりがきの時期には絵だけを見ても何が描かれているかわからないことが多いのですが、この時期になると絵を見ると何を描いたかがわかるようになってきます。

　まず、この図式期の発達的特徴について見ていきましょう。この時期になると、子どもは描く前に描きたいもののイメージがある程度明確になり、それを紙の上にどう描くか意識的にくふうして表現するようになります。

1）基底線と太陽・雲

　この時期の子どもたちの描画の最大の特徴は、その空間表現のくふうにみられます。私たちが生活している空間は、たて、よこ、奥行きのある立体的な三次元空間です。しかし、絵を描く紙は、二次元の平面の世界。この三次元の空間を、どう二次元の平面の世界に表現していくか、そのくふうとして大人の絵ではさまざまな遠近法があります。子どもの絵では通常の大人の絵とは異なった独特の空間表現が見られます。

　図6-1は兵庫県・あひる保育園5歳児クラスAくんの絵です。冬の雪山合宿に行って、ソリに乗ってすべったり、雪だるまやかまくらを作ったり、雪合戦をしたりと楽しさがいっぱいの表現です。この絵には、この時期の子どもたちに典型的な空間表現の特徴が見られます。

図6-1 「雪山合宿」
兵庫・あひる保育園5歳児クラス

　画面の下に横に一本、地面を表す基底線が引かれています。反対側には、太陽と雲と空が描かれています。この基底線と太陽・雲の出現は、子どもが画面に上下の空間を意識しはじめたことを示しています。太陽・雲が描かれた側が上の空間、基底線を引いた側が下の空間であることを表しています。3、4歳の頃では、まだ、画面に上下の空間をはっきりとは意識していません。

2）奥行きの表現

　図6-2は恐竜の卵を見つけるため探検に行く前に描いた絵です。夏のキャンプで取り組んだ探検遊びです。恐竜ブロン（ブロントサウルス）から手紙が来て、ブロンの卵を取ってくるように頼まれた年長らいおん組の子どもたち。しかし、卵のまわりには、あの凶暴な肉食恐竜ティラノサウルスがウロウロしていて危険。この場面は、探検

図6-2 「恐竜のたまごをさがしに探険に」
旭川・たんぽぽ保育園5歳児クラス

第6章　図式期の描画活動　　57

図6-3 「イモほり遠足」名古屋・名東保育園5歳児クラス

に行ってブロンとあった場面を想像して描いています。基底線は描かれていませんが、画用紙の下の縁が基底線になっています。その上には年長らいおん組の子どもたちと恐竜ブロン、発見した卵、が描かれています。子どもたちは手に、ティラノサウルスにあったときに使う「ともだちだんご」（これを食べると、あの恐ろしいティラノサウルスも味方になってしまうすぐれもの）をビニール袋に入れてしっかりと握っています。空には太陽と雲が描かれています。

　この絵の空間表現では、上下だけでなく奥行きも表現されています。画面の真ん中あたりにバンガローと山が描かれています。空と地面の間に浮遊しているように見えますが、これは下の基底線上にいるブロンと子どもたちとは、遠くはなれた空間にあることを表現しています。つまり、画面に奥行きが表現されています。さらにおもしろいのは、画面右端から2本目の樹木の陰から何かがのぞいています。あの恐ろしいティラノサウルスがブロンとらいおん組のようすを木陰からうかがっているのです。ティラノサウルスは、木の後ろにいるので身体が一部しか描かれていません。これも手前にあるものと後ろにあるものとの空間関係を「重なり」で表現しているのです。

　画面の中に奥行きをさらに意識的に描いているのは、図6-3「イモほり遠足」の絵です。画面の下に地面を表す基底線があり、その中にイモが描かれています。そしてその上に線がたくさん引かれていて、上の線ほど遠くの空間を表しています。また、同時にこの絵では、遠くの子どもたちがより小さく描かれていて、とても遠近感のある奥行き表現になっています。イモ畑は丘の上にあり、先に着いた子どもたちが後から登ってくる子どもたちを見たら小さく見えたのを描いたということでした。

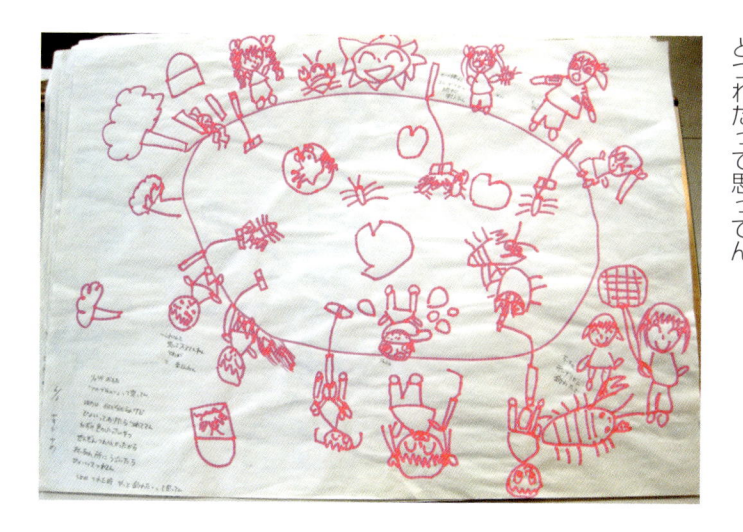

図6-4　Y（5歳児クラス）大阪・羽曳野市立はびきの保育園

Y何かわからんけど、ひょいってあげたらつれててん。ねずみ色の小さいやつ。ぜんぜんつれへんかったから、Mちゃんの所に動いたらひょいってつれてん。Yがつれたときやっとつれたって思ってん。

3）視点の混合

　このように基底線、雲・太陽で上下を表現するのが、図式期の子どもの空間表現の特徴です。同時にもう一つ重要なこの時期によく見られる空間表現の特徴は、視点の混合です。大人の絵では、普通は自分の視点を定めて表現します。ちょうどカメラを構えて写真をとるのと同じです。しかし、この時期の子どもたちの絵には、1枚の絵にいくつかの視点が同時に含まれていることがよく見られます。**図6-4**は、ザリガニ釣りの絵です。全体は空を飛ぶ鳥から見たような構図で鳥瞰図のように表現されています。しかし、鳥の目のように空から見ると、池の周囲でザリガニを釣っている子どもたちは、ほとんど頭や帽子しか見えないことになります。ところが子どもたちは、一人ひとりが池の周囲に正面向きに描かれています。1枚の画面の中に複数の視点が含まれているのです。このような表現は、展開図のように立体を開いて描いているので展開型表現と呼ばれることもあります。

4）カタログ画

　また、この時期にはカタログ画と呼ばれる表現も見られます。全体として、一つのテーマでまとまっているのですが、一つの場面を描くのでなく、描きたいものを並列して描く表現です。次ページの**図6-5**は5歳児クラスのRちゃんの運動会の絵です。右上に見ている家族（ママ、ばあちゃん、車の横にいるパパ）、真ん中に鉄棒、その右に平均台、なわとび、下に「仲良しベンチ」、左上に「パン食い競争」が描かれています。運動会とい

第6章　図式期の描画活動　　59

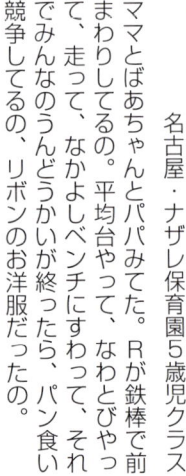

図6-5 名古屋・ナザレ保育園5歳児クラス
ママとばあちゃんとパパみてた。Rが鉄棒で前まわりしてるの。平均台やって、なわとびやって、走って、なかよしベンチにすわって、それでみんなのうんどうかいが終わったら、パン食い競争してるの、リボンのお洋服だったの。

う一つのテーマでまとめられていますが、描きたいものをカタログのようにバラバラに描いているところから、カタログ画と呼ばれたりしています。

5）拡大強調表現とレントゲン表現

子どもたちは、自分が感動したことや強調したいことを極端に大きく描くことがあります。**図6-6**は、イモ掘り遠足の絵です。土の中にある巨大なおイモを手で掘り出そうとしています。地面を表す線の左上に先生と子どもたちが描かれています。人間よりもイモのほうがはるかに巨大です。これは、イモと人間の大きさの関係がわかっていないのではなく、自分の掘ったイモの大きさを強調するために大きく描いたのです。掘ったイモを

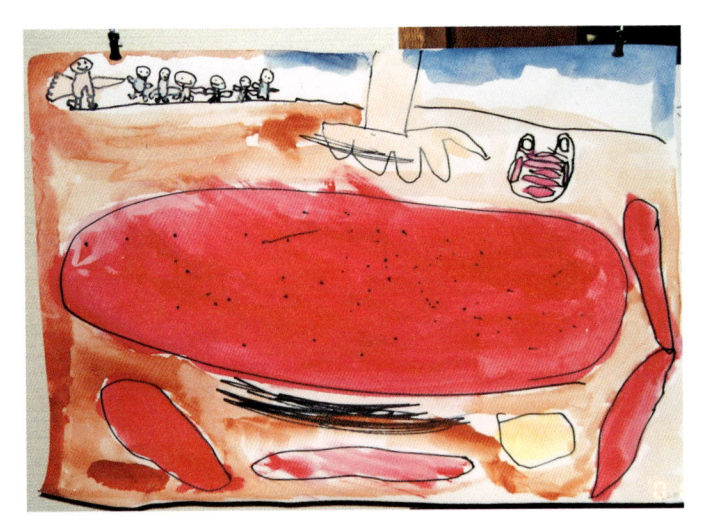

図6-6 名古屋・のぎく保育園5歳児クラス
いもほり、おれが手のおなかで（土を）ほっていって、あとすこしでいもにとどきそうっていうところ。ふくろのなかは7ほんだけど、ぜんぶで21ぽんもとったんだ。

スーパーでくれる買い物袋に入れたところを描いた（手の右側）が7本しか描けなかったので、「ふくろの中は7本だけど、ぜんぶで21本とった」となりました。

また、通常は外から見えないもの、ポケットの中に入っているもの、お母さんの大きなおなかの中の赤ちゃんなど、レントゲンで見たように絵に描きこむことも見られます。図6－6は、本来は土の中にあって見えないイモが見えるように描かれている点で、レントゲン表現の例でもあります。

6）色の発達

当たり前のことですが、絵は色と形による表現ですので、色は形と同じように重要な意味をもっています。ところが、子どもの絵の発達研究では、線や形の発達と比較すると、色については研究の蓄積が少ないように思います。

色の持つ意味は、およそ次の三つがあげられます。まずは写実性です。私たちの周囲にあるものは、すべて色をもっています。それぞれの物がもつ色の表現が写実性です。その色の違いを手掛かりとして、私たちは周囲の世界をとらえていきます。

また、色は色自体の感覚的な美しさをもっています。色が何かを意味するのでなく、色自体が私たちに与える感覚が、ここでは問題になります。

最後に色は感情や情緒を表します。ブルーマンデーと言われるように青は憂鬱な感情と結びついています。色の感情的意味作用の研究では、青は「冷たい」「静か」、黄色は「にぎやか」「うるさい」などの感情と結びついていることを明らかにしています。また、この色と感情に関連があることから、色から子どもの心理状態や心の問題を診断する方法もあります。この問題は「子どもの絵の診断的見方」（124ページ参照）で取り上げたいと思います。写実性、装飾性、感情性、この色の三つの側面は、相互に関連しあっています。

この時期になると基本的な色の区別や簡単な混色も理解されてくるようになり、色の写実性が意識されるようになってきます。ある決まった図式で形も表現されるように、色も土は茶色、空は青、太陽は赤とそれぞれのものを決まった色で表現します。この段階は概念色と呼ばれることもあります。やがて、同じ土でもいろいろな色があること、空の青のなかにもいろいろな青があることがわかってきます。これを概念色に対して固有色と呼ぶことがあります。この概念色から固有色に進んでいくのがちょうど図式期の段階です。固有色の段階になると、かぶと虫の幼虫を描いても白一色でなく、その中に、濃い黄色や青い色を発見していきます（図6－7）。このあとの段階になると印象派の絵のように同じ固有色でも光の加減で違った色に見えることなどが理解されていきます。これは現象色の段階と呼ばれることがあります。

図6-7　東京・保育園5歳児クラス

　この図式期になると本格的に色の指導が始まります。最近は、パスやコンテなども見かけますが、保育園や幼稚園で最もよく色をぬるのに使われる画材はクレヨンや絵の具でしょう。クレヨンはどちらかというと線描きに適していて、やはり、色をぬるのは絵の具です。共同画や保育者と子どもで相談して作った色など、みんなで共通に絵の具を使うときはポスターカラー、個人で色を作って描くときには固形絵の具が使われることが多いようです。小学校などで使われるチューブの絵の具は、最近、あまり見かけなくなりました。混色などはこちらのほうがすぐれていますが、固形絵の具に比べると子どもには扱いにくいようです。この固形絵の具は、4歳児クラスか5歳児クラスから子どもたちに与えられるところが多いようです。

　なぐりがき期の、色の感覚的な美しさの追求は、図式期に入ると装飾的な絵や技法あそびなどに発展していきます。デカルコマニーやマーブリングなどです。絵ではありませんが、組絵やアイロンビーズなども色やその組み合わせの美しさを追及したものでしょう。

色で思いを表現する

　この段階になると、色で意識的に自分の思いを表現することも現われてきます。図6-8は運動会のリレーを描いた絵です（4歳児クラス）。友だちにリレーでぬかされそうになり、びっくりしている自分の顔を赤くぬって表現しています。4歳児クラスでは、いろいろな色を使うことが色あそびになることもあります。図6-9は運動会の絵を描いているうちに、いろいろな色のクレヨンを使うことに興味が移っていった事例です。また、図6-10のように子どもなりに、色を使い分けているケースもあります。図6-11は、5歳児クラスの子どもが描いたうさぎの絵です。園で飼っているうさぎを描いています。観察

図6-8 名古屋・けやきの木保育園4歳児クラス
つばちゃんが走ってる。ぼくも走ってる。つばちゃんに追いぬかれそうだから、かおが赤くなっている。びっくりがお。ぼくおいぬかされなくてうれしかった。

画なのですが、この子の描いたうさぎはカラフルなうさぎで写実的な表現になっていません。この時期のとくに女の子たちは、いろいろな色を使って描くことで、対象の「かわいらしさ」を表現することがあります。自分の名前をかわいく描きたくて、一字ずつマーカーの色を変えて描いたりします。このカラフルなうさぎも同じで、いろいろな色を使って描くことで、自分たちの飼っているうさぎのかわいらしさを強調して表現しているのです。このように、この時期には独特の色を使った子どもの思いの表現があることに注目しておきたいと思います。

図6-9 「運動会パンくい競争」 保育園5歳児クラス

第6章 図式期の描画活動

図6-10　T　名古屋・けやきの木保育園4歳児クラス

「こうえんにピクニックのいったところ。ばあばとKちゃん（弟）とぶらんこしたの。それがたのしかった」3人が色分けしてあるのが面白いです。

図6-11　京都・公立保育園5歳児クラス

クラスで大事に世話をしてきたうさぎを描きました。いつも餌をやったり小屋を掃除していたものの、うさぎを描くのは少し難しそうでした。時々、ぴょんちゃんを見に行っては描いていました。

2　生活の表現

　図式期に入ると、生活の表現、観察の表現、想像の表現など、子どもの絵の表現も多様になり、そのそれぞれに描く楽しさがあります。生活の表現とは、子どもたちの毎日の園や家庭での生活のなかで、楽しかったことや心に残ったことを絵で描いて表わしたものです。生活体験の表現でもあるので、体験画と呼ばれることもあります。また、保育園や幼稚園では運動会や遠足などの行事を描くのも生活の表現の一つです。

　図6-12は名古屋・ほしざき保育園5歳児クラスの子どもの絵です。遠足で名古屋港水族館に行ったときの絵です。水族館では、イルカのショーを楽しみました。客席に座ってショーを見ている子どもたち、プールを泳いでいるイルカたち。とても細かいところまでマーカーで描きこんで、固形絵の具でていねいに色もぬられています。子どもらしいシンプルなイルカの表現がすてきな絵です。このように年長になるとより緻密な細かい表現も可能となりますが、同時に大胆でダイナミックな表現も可能になってきます。図6-13は、名古屋・のぎく保育園5歳児クラスの絵です。保育園の運動会最大のハイライト、クラスのリレーを二人で1枚の紙に描いています。保育者の「大きく描こうね。最初に一番描きたいものを描こうね」という言葉かけで、紙の真ん中に走っている自分を大きく描きました。大きく腕を振って走る姿、顔の表情も真剣です。年長クラスでは、緻密な表現と

図6-12　「名古屋港水族館イルカショー」
　　　　　名古屋・ほしざき保育園5歳児クラス

図6‐13 「運動会のリレー」名古屋・のぎく保育園5歳児クラス

同時にこのようなダイナミックな表現も出現します。

1）生活の表現の楽しさ

　4、5歳児クラスになると、2、3歳児クラスのときのように、描きながらおしゃべりする姿は少なくなってきます。むしろ、描いている間は黙々と集中して描く姿が目だってきます。しかし、絵だけでは表現できない、子どもの思いがそこにはいっぱいつまっています。ですから絵を描き終わったあと、子どもたちの思いをていねいに聞いていくことが

図6‐14　名古屋・こすもす保育園5歳児クラス
おれの正体あててみろっていってるところ。Yは座っているようにかいたの。おじいちゃんとおばあちゃんはちょっとはなれてるの。まんなかがHのおかあさん。髪の毛長いでしょう。いっぱい人がいたから恥ずかしかった。

大切です。図6-14は名古屋・こすもす保育園5歳児クラスHちゃんの絵です。生活発表会で劇「化け物寺」にみんなで取り組みました。最初に左側の1枚を描きました。Hちゃんたち3人が「おれの正体あててみろ」とセリフを言ってる場面です。座っているYちゃんは小さく、見に来ている家族の頭が後ろ向きに描かれています。真ん中が髪の毛の長いお母さん、その左右に離れて座っているおじいちゃんとおばあちゃん。緊張して恥ずかしかったHちゃんですが、見に来てくれた家族のことは舞台の上からしっかり確かめ

図6-15　「運動会のかけっこ」
　　　　名古屋・けやきの木保育園4歳児クラス
運動会のかけっこがとても印象に残っているSくん。保「二人ともきばはえてるの」子「うん、おこっていちばんになりたくてキバはえてるの」よく見ると胸に1の字も書いてあります。いちばんになりたくて頑張っていたもんね。

ています。たくさん見に来てくれたことを思いだして、右側の2枚目を描きました。今度は、たくさんの人の頭が後ろ向きに描かれています。絵を描いたあとに、子どもの思いがとてもていねいに聞き取られています。描きっぱなしにするのでなく、この段階でもこのように子どものお話をていねいに聞くことが大切です。

　図6-15は名古屋・けやきの木保育園4歳児クラスの子どもの絵です。運動会のかけっこ。どうしても1番になりたかったSくん、その思いを絵での表現にぶつけています。友だちと二人で一生懸命走っているところで、Sくんは右、左は友だちです。なぜか、子どもの口からきば（牙）がニョキニョキはえています。保育者が「二人ともキバがはえてるの？」と聞くと、Sくんは「うん、おこって1ばんになりたくてキバはえてるの」。なるほどよく見ると胸には1番の「1」の数字が。おまけにメラメラ「目はもえてるの」。何でも1番にあこがれるこの時期の子どもたち、その熱き思いがこめられた1枚です。

　こうした生活の表現の楽しさは、子どもにとっては、生活のなかでのさまざまな思いを描くなかで楽しかったことをもう一度体験し、保育者や他の子どもたちと共感しあえることです。また、保育者にとっては、毎日ともに生活している子どもたちの心の中のいろいろな思いを知ることができ、たくさんの発見をし、感動を子どもたちと共感できることです。表現とは「体験の共有」と指摘したのは、心理学者の乾孝（いぬいたかし）さんでした。絵で表現することで、生活のなかの出来事が、保育者と子どもたちともに意識化さ

れ、その思いがお互いの心の中にしみこんでいき、子どもたちの内面とコミュニケーションを育てていきます。

2）書き言葉（文字）としての描画

　こうした生活の表現は、小学校ではおもに書き言葉を使って作文で取り組まれますが、幼児後期では、書き言葉（文字）でなく、このように描画表現で取り組まれます。その意味では、子どもの絵の持つ書き言葉としての側面をより意識的にとりあげた実践といってもよいでしょう。
　心理学者のヴィゴツキーは、子どもの描画を書き言葉の発達の前段階に位置づけました。描画も書き言葉もどちらも視覚的な記号であり、発達的に見ると話し言葉から書き言葉が発生してくる中間段階に描画を位置づける主張です。たしかに、この段階では生活のなかでの子どものいろいろな思いを視覚的な記号で表現するには、文字よりも描画のほうがよりふさわしいと言えるでしょう。
　しかし、ここで注意しなければならないのは、書き言葉としての描画は、描画の一つの側面だということです。たしかに描画を書き言葉の発達の前段階に位置づけることができます。しかし、描画は発達していくと書き言葉に吸収されてなくなっていくわけではありません。もともと同じ視覚的な記号による表現といっても、色や形による描画での表現と、文字という抽象的な記号による表現には大きな違いがあります。この段階では、描画表現の中に、将来書き言葉に発達していく側面と描画本来の色と形による表現とが未分化なままに含まれていると考えられます。やがては発達して、ある側面が文字などの書き言葉に、他の側面が本来の描画表現として分化していくものです。
　このように文字と絵が未分化な時期の発達的特徴から、絵と文字が一体となった表現が

図6‐16　「りれえがんばる　えり」
　　　　　　名古屋・ほしざき保育園5歳児クラス

図6-17 「私の絵本」
名古屋・ほしざき保育園5歳児クラス

図6-18 Tちゃんてどんな子？

図6-19 Tちゃんの好きなものは？

図6-20 Tちゃんの好きな人は？

多様に取り組まれます。絵は子どもたちが描いて、文字は保育者が書くことが多いようです。図6-16は、運動会に向けて、子どもたちが運動会でがんばりたいことを絵と文字で家族宛てに「手紙」を書き、保護者から応援の手紙をもらう取り組みです。絵と文字を通して、子どもと保護者とのコミュニケーションが作り出されていきます。図6-17は卒園の時、子どもと保育者で作った「私の絵本」です。卒園していく子どもたちに、「○○くんてどんな子？」（図6-18）「好きなものは？」（図6-19）「好きな人は？」（図6-20）と保育者がインタビューして、子どもの絵と子ど

第6章 図式期の描画活動　69

図6-21 おとまり保育園日誌
大阪・ひむろこだま保育園5歳児クラス

もの言葉（保育者が文字を書いたもの）で構成されています。

　絵日誌が取り組まれることもあります。図6－21は大阪・ひむろこだま保育園の5歳児クラスでのお泊り保育の絵日誌です。一人ひとりの子どもたちが、お泊まり保育での楽しい思い出を一冊の絵日誌にまとめています。その中のNちゃんの日誌を見てみましょう。バスにのって出発（図6－22）、目的地に着いたらお弁当を食べて、カニをとって川遊び（図6－23）、夕ご飯を食べたあとはみんなでお風呂に入って（図6－24）、キャンプファイアーで花火を楽しみ（図6－25）と、キャンプでの体験が時系列にそって、絵と保育者

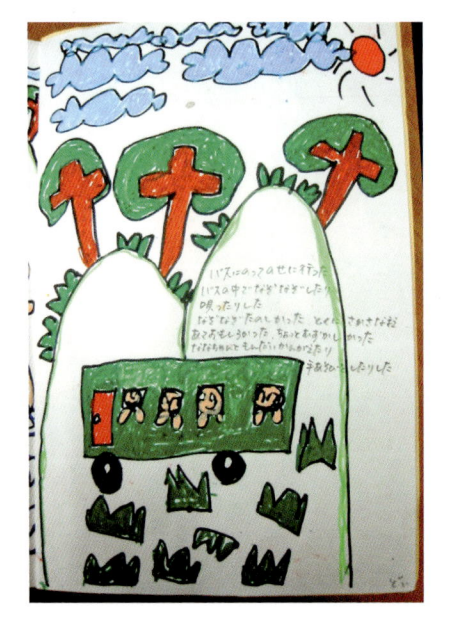

図6-22　N　大阪・ひむろこだま保育園5歳児クラス
バスにのって野瀬に行った。バスの中でなぞなぞしたり、歌ったりした。なぞなぞ楽しかった。とくに逆さ名前当ておもしろかった。ちょっとむずかしかった。Nちゃんと問題考えたり、手遊びをしたりした。

図6-23 N
お弁当食べてから川遊びをした。みんなカニいっぱい見つけた。Sくんもいっぱいとってたけど、こぼしたから、AくんとYくんがさがしてあげた。石をとってカニをさがしてたら、カニが出てきたけどすぐ逃げられた。川の水冷たかった。

図6-24 N
ごはんを食べてからみんなでおふろに入った。体を洗って自分でシャンプーした。じょうずにできた。先生がシャワーしてくれた。それからみんなでおふろに入ったら、ギューギューづめやった。みんなで20まで数えた。ぜんぶ自分でできたからうれしかった。

図6-25 N
それから花火をした。打ち上げ花火ちょっとこわかった。それからみんなで手に持っていっぱい花火をした。森のほうで動く光るものがあった。先生は鹿だと言っていた。ほんとうの鹿だったらどうしようって思った。でも花火楽しかった。丸い花火はコロコロまわった、おもしろかった。コマみたいだった。（木の間にあるちいさな二つの丸が、暗やみに光る鹿の眼です）

第6章 図式期の描画活動　　71

が聞き取った子どもの言葉で表現されています。

3）絵の中に文字を書いていいの？

　この段階の子どもたちは、ちょうどひらがなを少しずつ覚え始める時期で、絵の中に文字を書くことがよく見られます。このことをめぐっては、絵は文字でないので、絵の中に文字を書くのは好ましくないという意見があります。最近の知的早期教育ブームに対する警戒心から、「頭でっかちの子どもに育ってほしくない」という保育者の願いもそこにはあるように思います。

　絵の中に文字を書くのも多様な場合が見られますが、この時期では絵での表現を文字で補うような例がよく見られます。図6−26は遠足の絵です。「人間地獄」と名づけられた、すり鉢状になったガケがあります。上から下に何本もロープがかかっています。そのロープをしっかり握って急なガケを登っていきます。大人でも大変なガケ登りです。ロープを両手でしっかりにぎって登っていくと、握った手が痛くなってきます。何度も休みながら、ガケの上にようやく到達できた喜びが表現されています。真ん中に描かれたＲちゃんの目がガケの上を見つめていて、一生懸命頑張るＲちゃんの思いがあふれている絵です。あみあげのくつのひももていねいに描いています。この絵の中に「みゆ」「あやりのおとうちゃん」という文字が書かれています。いっしょに登った友だちや、友だちのお父さんの名前です。絵で描いただけでは、だれかよくわからないので文字で表現を補っています。

　さきに述べたように、絵が将来書き言葉に発達していく側面と、本来の色と形による表現として発達していく側面がこの段階では未分化です。子どもにとっては、文字も絵も区

図6-26　「にんげんじごく」
Ｒ（5歳8ヶ月）
名古屋のぎく保育園

2回行ったから（下見をあわせて）おもしろかった。登ったところが手が痛くなって、でもちょっと休んで、またやって、そんで登れたから、おもしろかった。

別が明確なわけではないので、絵の中で文字を自分の思いを補助的に表現する手段として使っていくことは、自然なことのように思います。この例のように、文字で補うことによって子どもはより自分の思いをたしかに表現できているとも言えます。

そして、書き言葉と描画が分化して、それぞれ独自に発達していくと、絵で表現することと文字で表現することが区別され、絵の中に文字が現れるのはだんだん少なくなっていくと思います。

3　想像の表現

想像の表現とは、現実には存在しない虚構の世界の表現です。お話や絵本の世界、子どもたちの空想の遊びの世界などが絵で表現されます。

図6-27は、童話『エルマーのぼうけん』の一場面。エルマーがりゅうを助けるためにワニをだまして川を渡る場面の絵です。右上の動物島にはりゅうが太いつなにつながれています。ワニのしっぽには棒付きキャンデーがあり、後ろのワニがそれをなめて一列につながって橋になり、その上をエルマーが渡って行く場面です。そのエルマーのあとをだまされたイノシシやライオンが追いかけています。

図6・27　エルマーのぼうけん　大阪・羽曳野市立はびきの保育園5歳児クラス
エルマーな、今ワニの上歩いてわたっている。「もうすぐや」と思うて歩いてるねん。リュウは「早くきてー！」って思って、うれしいねん。はじめのワニは食べ終わってちがうほう行くねんで。Yがエルマー動物島に行く。だってリュウ助けたいから。

図6-28 東京・五日市わかば保育園5歳児クラス
まほうで、おはなしとか、なわとびとかだしてもらって、それであそんでいるの。このまほうつかいさん、おそらで「バイバーイしてんの」。おそらにすんでるからおそらにかえるの。

　図6-28は「そうだったらいいのにな？　もし魔法使いがいたら」という保育園5歳児クラスの実践です。子どもたちの歌っている歌に魔法使いが出てくるものがあり、おやつの時に魔法使いのことが話題になります。どんな杖をもっているかという問いかけに、「先っぽにハートがついてるんだよ」「星がついてるんだよ」「そこから赤い光線がついてるんだよ」「え、おれは銀のキラキラ」と話が盛り上がります。数日後、見えない空を飛んでる魔法使いを捕まえてとじこめてしまおうという設定で、紙に魔法使いを描きました。2、3日すると「先生、閉じ込めた魔法使いさん、まだ出さないの」と聞いてくる子がいて、「さみしがってるよね、きっと」「でも魔法で抜け出して、お給食室の冷蔵庫の中、食べられるかもよ」と話がふくらみ、「そろそろ魔法を使わせてあげようね」と魔法使いを切り抜いて、大きな紙の上で魔法使いごっこで遊びました。その後に「もしも魔法使いがいたら……」と空想の世界を絵で表現しました。子どもたちは空を飛んだり、お菓子の家やドレスを出してもらったり、空想が広がり紙に描ききれない子も出てきました。
　絵本やお話の世界、想像の世界のイメージを絵を描きながら楽しみ、保育者や友だちと発展させ共感するところに、その楽しさがあります。

イメージの世界をつくる子どもたち
　子どもたちがイメージの世界を追求してあそぶ実践の中で、絵での表現が重要な役割を果たしている実践を紹介しましょう。東京都の保育園4・5歳児クラスの5歳児を中心とした実践です。担任は3歳児クラスから3年間持ちあがりの横井喜彦さんです。
　6月のある日。公園に遠足に出かけたところ、大きな卵を発見しました（図6-29）。なんの卵かわからないけど育てたいと保育園にもって帰ってきました。

図6-29 公園でたまごを発見

図6-30 何のたまごだろうと話し合い

図6-31 「ドラゴン」

図6-32 「りゅう、そらのとびかた、くねくねとぶの」

　保育園で何の卵か話しあうなかで「ドラゴン」「りゅう」「かっぱ」「恐竜」などいろいろな意見が飛びかいました（図6-30）。それぞれ卵の親は何か絵で描いて表現しました（図6-31、32、33、34）。お互いの絵を見せあい、さらに考えました。自分たちの描いた絵と卵を持って、いつも散歩の時に公園で出会う他園の保育者、地域のお母さん、学童の

第6章　図式期の描画活動　　75

図6-33
かっぱ、たまごもでかいし、あしあともこれぐらい。

図6-34 「ティラノサウルス」

図6-35 公園で他の園の保育者に卵を見せる子どもたち。

図6-36 卵が割れている！

先生たちに何の卵か意見を聞いてまわりました（図6-35）。その調査結果で意見はりゅう・ドラゴンと恐竜に分かれました。ある朝、子どもたちが登園すると、なんと卵が割れていました（図6-36）。子どもが生まれたらしいが、その姿は見えません。

その後、保育園で不思議な事件が相次いで起こります。「給食室のジャガイモがかじられていた」「職員室の大事な紙がかじられた」「夜になると倉庫の下がガタガタしたり」……。どうも夜、保育園にだれもいなくなると出現して、イタズラをしているようです。

足跡も残っていました。子どもたちは、イタズラ好きで、謎の生き物に「バニラ」と名前をつけました。夏の合宿にはひそかに隠れてついて行き、子どもたちが河童のがーたろうにあげるための大切なきゅうりをかじってしまう事件も起こりました。秋以降は、散歩先の公園で大きくなったバニラの隠れ家を探したり、文字盤を使ってバニラと手紙のやりとりもできるようになり、バニラは近くにいる友だちのような存在となり、卒園を迎えました。

　子どもたちは自分たちのイメージを出し合い交流しながら、バニラの共通のイメージを作り上げていきました。卒園の記念制作では、バニラの共同画と紙芝居を作りました。そこでは、バニラといっしょにあそびたいという子どもたちの空想のイメージの世界が表現されています（図6－37、38、39）。それと同時に、こうした表現活動が子どもたちに共通のイメージの世界を作り上げていくのに大切な役割を果たしています。

図6‐37　あきのはれたひに、バニラとみんなと、まるあてをしました。バニラとだいきがオニになりました。

図6-38 ふゆになって、さむくなり、バニラはみなみのしまに、いってくるとてがみがありました。さむいしね。

図6-39 ほいくえんにかえってきた。バニラにななちゃんととうかちゃはレストランにさそいました。バニラはメニューをみてかんがえています。きうりサラダかな？

4 本物らしさの追及──観察の表現

　観察の表現というと、対象を目の前において見ながらリアルに表現する絵です。しかし、この時期の子どもたちでは、対象を直接観察するのでなく、記憶をもとに描いたり、図鑑などを参考にリアルに描く場合も少なくありません。ですから、こういう絵も含めてリアルさを追及する絵として、ここでは従来からの観察の表現も含めて、より広い意味で本物らしさの追求という言葉を使いたいと思います。本物らしさを追求する絵は、小学校高学年以降の課題で、幼児期では早いという意見もありますが、幼児期には小学校高学年以降とはちがった形でリアルさの追求があります。

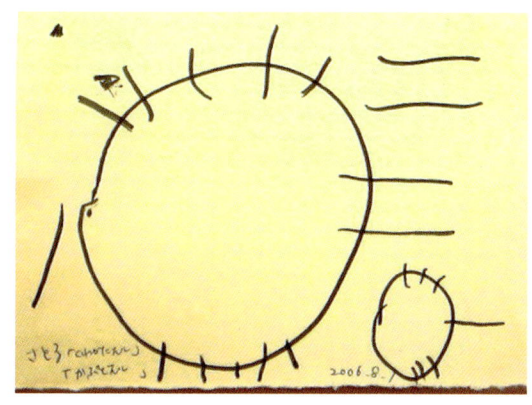

図6-40 「かぶと虫とくわがた虫」
名古屋・のぎく保育園3歳児クラス

　本物らしさを追求する表現は、未分化な形では、3歳児クラスぐらいから見られます。図6-40は3歳児クラスの子どもの絵です。カブト虫とクワガタ虫です。丸と線の組み合わせで描かれたシンプルな表現ですが、角を見るとちゃんと区別がつきます。3歳児なりのリアルさの追及がこんなところに見えます。

　保育の中で意識的に観察の表現が取り組まれるのは、4歳児クラスぐらいからです。題材としては、子どもたちが身近な生活の中で興味・関心をもっているものが取り上げられます。園で飼育しているニワトリやうさぎ、自分たちでとってきたおたまじゃくしやザリガニ、園の畑やプランターで作っている野菜などがよく取り上げられます。

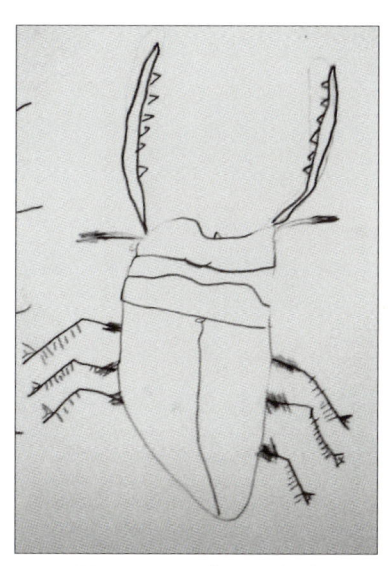

図6-41 「くわがた」
名古屋・ほしざき保育園
5歳児クラス

　図6-41は、クワガタを鉛筆で描いたものです。鉛筆は、思うように描けなかったとき

第6章　図式期の描画活動　　79

に、消しゴムで消して何度も修正することができます。図6-42は、保育園のプランターで育てたオクラを描いたものです。形をクレヨンで描いて、色は保育者が何色かつくっておいて、その中から子どもたちが選んでぬったものです。比較的形が描きやすく、どの子も達成感が持てるのではと取り組まれた実践です。

図6-42 「おくら」
名古屋・どんぐり保育園5歳児クラス

　図6-43、44、45は東京・白金幼稚園5歳児クラスの実践です。子どもたちが園で飼育しているニワトリの観察画です。ニワトリを教室につれてきて、みんなで見ながらはり絵で表現しているところがユニークな実践です。切り絵は色画用紙を切り抜いて紙の上にならべて、何度も納得のいくまで表現しなおすことができます。ニワトリの動きや表情がとってもすてきに表現されています。

図6-43 「にわとり」東京・白金幼稚園5歳児クラス

図6-44 「にわとり」
東京・白金幼稚園5歳児クラス

図6-45 「にわとり」
東京・白金幼稚園5歳児クラス

第6章　図式期の描画活動

１）恐竜の世界を描いて遊ぶ

　こうした本物らしさを追及する絵の評価は、幼児期ではあまり高くありません。**図６－46**は、旭川たんぽぽ保育園5歳児クラスの子どもが描いた恐竜の絵です。鉛筆で、図鑑の恐竜を見ながら、黙々と描きこんでいた絵です。こうしたリアルな絵は、出来上がりだけで見ると何か客観的で冷たい印象を与え、子どもの思いや子どもらしさが感じられないなどの評価を受けることがあります。しかし、こうしたリアルな絵には、生活の表現とはちがった形で子どもたちの熱い思いが込められています。この絵にも恐竜をテーマに追求した子どもたちの1年以上の取り組みがありました。

　4歳児クラスの秋、クラスの男の子たちで恐竜に興味を持つ子が多く、絵でもよく恐竜を描いていました。**図６－47**はこの頃の恐竜の絵です。恐竜が戦っているシーンで、恐竜が火を吹いています。火を噴いたりするのは、ゴジラなどの人間が考えた「怪獣」で、実際の恐竜は火を吹いたりしません。取り組みが始まったばかりの時期の子どもたちは、怪獣と恐竜の区別もはっきりしていませんでした。

　まず、クラスの本棚に恐竜コーナーをつくり、恐竜に関する図鑑や絵本を置いて自由に見られるようにしました。子どもたちは、給食やおやつの後の時間に本を出してきて見ている姿がありました。また、恐竜についての絵本の読み聞かせにも取り組みました。この

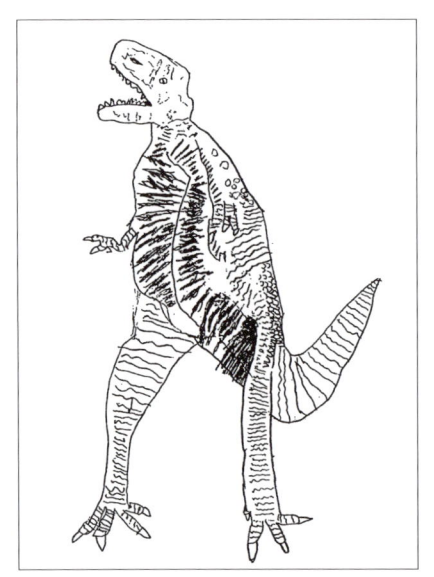

図6‐46 「ティラノサウルス」
　　　　旭川・たんぽぽ保育園5歳児クラス

図6‐47 「恐竜のたたかい」
　　　　旭川・たんぽぽ保育園4歳児クラス

種の科学絵本はストーリーは単純ですが、恐竜やその生態が細部にわたってリアルに描かれていて、読むたびに子どもたちの探究心が刺激され、恐竜の世界を新しく発見していきます。子どもたちが一番興味を持ったのは、あの強いティラノサウルスなどの恐竜がどうして絶滅したのかでした。絵本で、今から6700万年前に地球に大きな隕石が衝突して、気候が変化し寒くなり、恐竜が絶滅したことを知りました。その後の話し合いでは、恐竜の絶滅を残念

図6-48 「ステゴザウルス」
旭川・たんぽぽ保育園4歳児クラス

がって「（おしくらまんじゅうみたいに）くっつけばよかったのに」「砂漠はあついの？（だったらそこに逃げればよかったのに）」など、おもしろい意見がいっぱい出されました。

　こうした取り組みの中で、子どもたちの恐竜のイメージはどんどん発展していきました。年が明けて、4歳児クラスの1月から3月に子どもたちの絵は大きく変わっていきました。図6-48は、形がユニークで子どもたちに人気の「ステゴ（ステゴザウルス）」。図6-49は、最強の肉食恐竜ということで、男の子に人気のティラノサウルスです。鋭い目と、手・足のつめ、大きく開けた口の中から舌が突き出しています。男の子たちの絵は、どちらかというと恐竜の強さや戦いを追求した絵が多いのですが、女の子たちはまた少しちがった世界を追求しています。

　4歳児クラスの3月に、大きな紙にみんなで恐竜の世界を描きました。図6-50は女の子たちが4人集まって模造紙に描いた絵です。恐竜の卵がひび割れて、赤ちゃんが生まれています。生まれてきた子どもたちはお母さん恐竜の背中にのってあそんでいます。恐竜の赤ちゃんは何を食べるのかが話題になり

図6-49 「ティラノサウルス」
旭川・たんぽぽ保育園4歳児クラス

第6章　図式期の描画活動

ました。恐竜は哺乳類でないので、お母さんのおっぱいを飲まないことは、このクラスの子どもたちはすでに知っています。恐竜の赤ちゃんは何を食べるんだろう？　そこで思いだしたのが、恐竜の絵本や図鑑に出てくるパイナップル。恐竜の時代は、裸子植物の時代でシダやソテツの仲間が絵本にはいっぱい描かれています。その中には、パイナップルによく似た植物が描かれていました。そこから、子どもたちは、恐竜の赤ちゃんは果物を食べるのではと想像しました。そして、みかんやいちご、バナナなどを赤ちゃんの食べ物として描きこんでいきま

図6-50　「恐竜のお母さんと子どもたち」
　　　　旭川・たんぽぽ保育園4歳児クラス

した。女の子の恐竜の世界は、男の子と同じようにリアルさを追求しながらも、ストーリー性をもったお母さんごっこの世界が追求されています。

　5歳児クラスになってからも、クラスの恐竜ブームは続いていきます。5月には、博物館を見学して恐竜の化石を見てきました（図6-51）。帰ってくると化石に興味が出てきていろいろな疑問がわいてきました。巻貝のアンモナイトは、絵本でみるとイカのような頭と手足が描かれています。しかし、アンモナイトの化石を見ると頭の部分は化石になって残っていません。「どうしてアンモの頭は化石にならないの」という疑問が出てきたので、化石はどうやってできるのか絵本で調べてみたりしました。

　化石の絵も、図鑑を横において見ながら描きました。これも年長さんとは思えないほどリアルな化石を描いていました（図6-52、53）。このあと、恐竜ブロントサウルスから手紙が来て、夏のキャンプでは恐竜の卵を探す探険遊びに取り組みました。

　取り組みの積み重ねの中で、子どもたちの心の中で恐竜は大

図6-51　「博物館に恐竜の化石を見学に」
　　　　旭川たんぽぽ保育園5歳児クラス
恐竜の足跡の化石を石膏で型にとったものを見ている子どもたち。

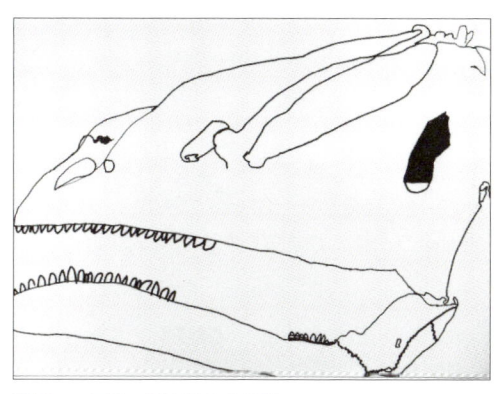

図6-52 「恐竜の化石」
　　　　旭川・たんぽぽ保育園5歳児クラス

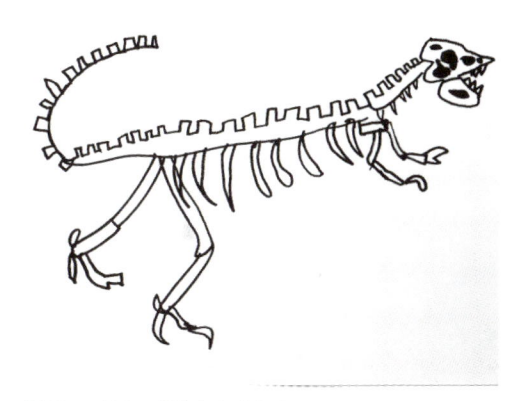

図6-53 「恐竜の化石」
　　　　旭川・たんぽぽ保育園5歳児クラス

きな存在となりました。恐竜を描くときも、どうしてもリアルで本物らしい恐竜でなくては納得がいかなくなりました。その結果生まれてきたのが、**図6-46**のようなとてもリアルな恐竜でした。恐竜への子どもたちの熱い思いが、こうしたリアルな絵の背景にあるのです。どちらかというと大胆にのびのびと描かれた絵だけが、子どもらしい表現とされます。**図6-54**は先のリアルな化石を描いた同じ子が、探険遊びの取り組みのなかで描いた絵です。探険に行って、手紙をくれた恐竜ブロントサウルスに出会い、いっしょにあそんでいる絵です。こちらの絵のほうが、子どもらしい表現として評価されるのではないでしょうか。しかし、リアルな絵も間違いなくこの時期の子どもの表現です。それぞれ表現したい内容によって、絵は変わってくるということで、どちらの表現がより子どもらしいということはありません。むしろ、変えなくてはならないのはリアルな絵を子どもらしくないとする、大人の側の「子どもらしさ」のイメージではないでしょうか。

図6-54
「恐竜ブロンとライオン組の子どもたち」
　　　旭川・たんぽぽ保育園5歳児クラス

第6章　図式期の描画活動　　85

2）物に託して思いを表現する

　こうしたリアルな本物らしさを追求する絵は、物に子どもの思いが託された表現といってもよいと思います。こうした表現は、どちらかというと男の子に多いように思われます。男の子が電車や自動車、クワガタやかぶと虫、ザリガニなどの生き物を本物らしく描くように追求していく姿がよく見られます。アメリカの心理学者のガードナーは、子どもの表現スタイルをパターナーとドラマチストに分けています。ドラマチストとは、出来事やストーリーとして対象を表現するスタイルです。これに対して、パターナーは同じ対象の形をとらえて表現するスタイルです。先にも述べたように同じ大好きな恐竜の表現でも、恐竜のお母さんの子育ての表現はドラマチスト、鋭いつめやキバの表現はパターナーとしての表現といってもいいと思います。ガードナーは、これを性差ではなく、子どもの個性の問題としてとらえています。子どもによって、形での表現を好む子とストーリーの表現を好む子と、二つのタイプがあることを指摘しています。

3）本物らしさを追求する意義

　観察の表現、本物らしさを追及する表現に取り組む意義はどこにあるのでしょうか。2008年度の全国保育合研美術造形活動分科会で実践報告された大阪・ひむろこだま保育園の山口真美先生は、子どもたちとペットボトルで育てた稲の観察画に取り組まれました。そのねらいの一つとして、子どもたちがじっくり育てた稲を見て描くことを通して、稲への思いを育ててほしいと指摘されていました。つまり、描くことをとおして対象への思いやイメージを深めていくことが、その大切なねらいの一つです。キミ子方式の絵の描きかたを提唱している松本キミ子さんは、絵を描くことは対象の愛し方を学ぶことだと指摘されています。キミ子方式に、もやしを描く教材があります。スーパーで売っている何でもないもやしを絵に描きます。筆者もキミ子方式のもやしに取り組んでみました。もやしなんて、じっくり見るのは初めての体験。驚いたことに、もやしにも根もあれば葉もあり、立派な一個の植物として存在していて、私にとってはとても新しい発見でした。それから、もやしに出会うたびに、何かもやしに一個のいのちとしての愛おしさをちょっと感じたりするようになりました。まさに、よく見て描くことは、対象への思いを育てることでした。

　先に紹介したリアルな恐竜を追及した実践も、子どもたちが恐竜を描き続けるなかで、いろいろな発見があり、恐竜への思いやイメージを深めていった実践でした。恐竜を描くなかで、その生態に興味をもって図鑑でさらに調べたりします。科学的な認識につながっていく芽としても大切なものです。

5　遊び絵——色と形の美しさの追及

　絵遊びとか遊び絵と呼ばれるジャンルがあります。絵を描く活動というのは、大きくとらえればそれ自体が遊びとして位置づけることもできます。これまでに取り上げた生活の表現や本物らしさの追求も、それぞれの楽しさを追求する活動として大きく見れば遊びですが、ここでとりあげる遊び絵は、色や形それ自体の美しさを追求して楽しむ領域です。もちろん、生活の表現やリアルさの追求にも色や形の美しさの追及は含まれていますが、それが主要な側面として子どもに意識されたものにはなっていません。この遊び絵は、さまざまな絵画技法を用いたものが多いので技法遊びと呼ばれることもあります。たとえば、保育現場でよく取り組まれているものにデカルコマニーがあります（**図6－55**）。合わせ絵とも言います。二つに折った紙を開き、片方半分に絵の具をたらして、紙を重ねあわせて上からなでます。紙を開くと左右に対称な色と形が現れます。こうした活動は、絵で何かの思いやイメージを意図的に表現するのでなく、偶然にできた色と形の美しさ・おもしろさを楽しむ活動です。

図6‐55　デカルコマニー
名古屋・どんぐり保育園5歳児クラス

　もちろんこうした色や形それ自体を楽しむ活動は、図式画の時期に初めてあらわれるのではありません。そのルーツは、なぐりがきの時期にすでに見られます。なぐりがきの中にも子どもたちは形のおもしろさを発見し、好きな色を使って描くのを楽しみます。しかし、意図的に色と形それ自体の追及が始まるのはやはり4、5歳児クラスぐらいからでしょう。

1）多様な遊び絵

　園の実践では多種多様な遊び絵が取り組まれています。具体的な取り組みを紹介してい

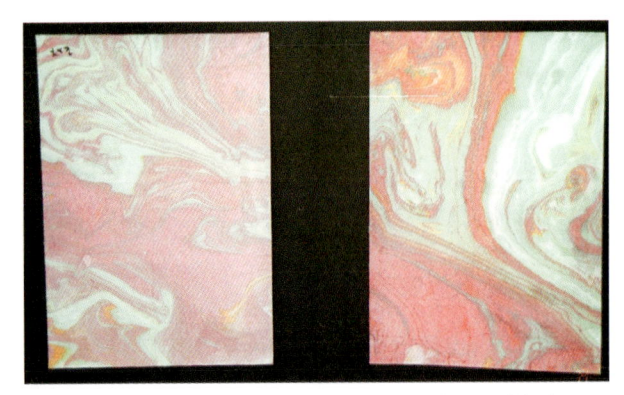

図6-56 マーブリング　　　　　　保育園5歳児クラス

図6-57 吹き絵
　　　　名古屋・けやきの木保育園5歳児クラス

図6-58 ひっかき絵 「宇宙」
　　　　名古屋・ほしざき保育園5歳児クラス

きましょう。図6-56はマーブリングです。水面に絵の具を落として、軽くかき混ぜてできた模様の上に紙を置いてうつしとります。マーブリングもいろいろなやり方がありますが、市販の専用絵の具を使うとかんたんに楽しめます。図6-57は吹き絵です。紙の上に絵の具をたらして、それをストローで吹くと、紙の上に絵の具が広がりおもしろい模様ができます。図6-58はひっかき絵です。クレパスで下にきれいに色をぬり、その上を黒でぬりつぶし、先のとがったものでひっかいて絵を描きます。きれいな色の線が現れて子どもたちが楽しむことができます。この図はプラネタリウムを見学し、そして星やロケットの話をしたあと「宇宙」をイメージして描いたものです。図6-59は転がし絵です。絵の具のついたビー玉を紙の上で転がしてできた軌跡を楽しみます。図6-60はたらし絵です。絵の具をたらして紙を傾けると、絵の具が流れて軌跡ができます。ちょうど梅雨の季節で、保育者が作ったカエルを紙に貼ってそこに絵の具を流して、雨に見立てて楽しみまし

た。図6-61は紙に自由に線を引いてできた形に絵の具で好きな色をぬったものです。あとで述べるように、絵の具の基礎的技術の指導として位置づけられたものです。次のページに紹介している図6-62はにじみ絵です。にじみ絵には二通りのやり方があります。これは、水性のマーカーで描いた線に、筆に水をつけてなぞってできたものです。図6-63はあらかじめ水をしみこませておいた紙に絵の具をたらし、色がにじんで広がっていくのを楽しんだ絵です。こうしたきれいな模様をつくる楽しみは、絵ではありませんがアイロ

図6-59　転がし絵
　　　　保育園5歳児クラス

図6-60　たらし絵
　　　　名古屋・どんぐり保育園
　　　　3歳児クラス

図6-61　名古屋・ほしざき保育園5歳児クラス

第6章　図式期の描画活動　89

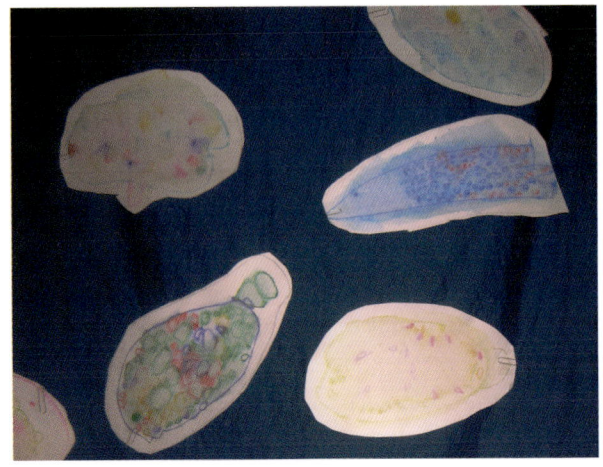

図6-62 にじみ絵 「にじいろの魚」 名古屋・ほしざき保育園4歳児クラス

図6-63 にじみ絵 名古屋・ほしざき保育園3歳児クラス

図6-64 「地図」 保育園4歳児クラス

ンビーズのようなものにも共通したものです。

　色と形は別々のものではありませんが、こうした遊び絵の楽しさでは線や形よりも色の美しさ、楽しさが大きな要素になっています。

　一方、線や形自体のおもしろさを追及する絵は、なかなか作品として意識されることが少ないためか、保育園の作品展などではめったにお目にかかることがありません。しかし子どもたちが描いている絵のなかに形や線を描くことの楽しさを追及したものも見られます。図6-64は4歳児クラスの子が自由画帳に描いていたものです。「地図」と名前がついていて、立体的な迷路のような線が入り組んで描かれていました。この絵では、何か対象を表現するよりもこうした入り組んだ線と形を作り出すのがおもしろいのではないでしょうか。前図式期で紹介した寺内定夫さんのお孫さんの抽象画のような絵もそのよい例でしょう。子どもが丸や十字型などが描けるようになると、おもしろくてそれ自体を何度も繰り返し描いている姿にも形を追及する楽しさがあるように思います。

2）色の装飾性の追及

　こうした色や形の美しさを追求した装飾的な絵の取り組みは単発的なものが多いように思いますが、保育のなかで系統的に追及しているのが、三重の井坂とく先生たちの実践です。井坂先生は、線描と色あそびを乳幼児期の美術教育の2本柱として位置づけています。線描では、子どもたちが生活の中で感じた思いが表現され、コミュニケーションが深められていきます。それと同時に色についてもその感覚的な美しさが追求されます。具体的には、先に紹介したさまざまな技法あそびのほかに、「てんてんあそび」や「デザインあそび」があります。

　「てんてんあそび」は、井坂先生が考案したあそびで、ティッシュペーパーを折って、その上で水性のマーカーで「てんてん」と模様をつけたあと、広げると左右上下に対称なきれいな模様ができるあそびです（図6-65）。2歳児クラスから

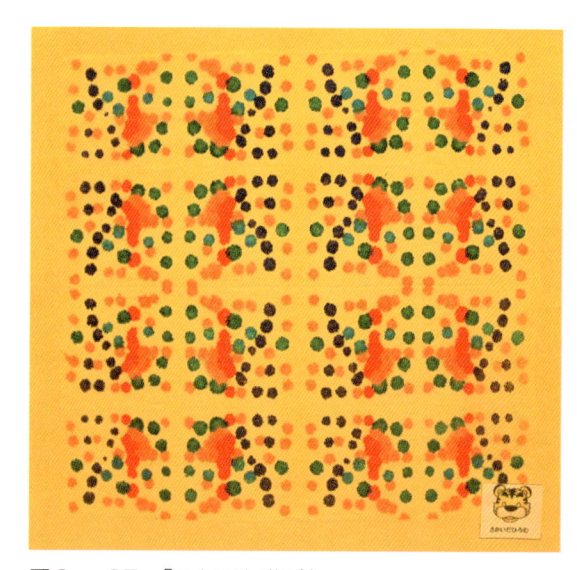

図6-65 「てんてん遊び」
　　　名古屋・けやきの木保育園4歳児クラス

大人まで楽しむことができます。ティッシュ1枚でこんなにも素敵な世界が展開するのは感動的でもあります。「デザインあそび」は、色ペンを使って、波線、渦巻き線を使ってカラフルに模様を描くあそびです。こんな色あそびを乳児クラスから系統的に取り組んで、色に対する感覚的な美しさの感性を育てていきます。さらにすてきなことは、できあがったものを給食当番のエプロンや、保育室のカーテン、花びん敷きなど、あそびや生活に使うものに利用していくことです。単に色の感覚的美しさの追及に終わらず、自分たちの作品を通して子どもたちが自分たちの生活をより美しく豊かにしていくのです。こうした色の追求が、線描での表現と重なりあいながら、色で思いを表現する力を育てていきます。

3）「お姫様の絵」をどう考えるか

　毎年全国保育合研の美術造形活動分科会で、図6−66のような女の子がよく描くお姫様の絵をどう考えるかということが話題になります。全体に保育者のこうした絵に対する評価はあまりよくありません。ところが女の子たちは、この種の絵にとても熱中する姿があります。この絵の楽しさも色や形の美しさの追及という点からとらえ直すことができます。図6−66のような絵も、ここまで描けるようになるには長い「修行時代」があります。事例を通して検討してみましょう。我が家の娘Aも3歳児クラスぐらいからこの種の絵に熱中しだしました。最初のきっかけは、年長さんの女の子たちが熱心に描いているのに興味を持ち、まねするところから始まりました。ちょうど「Aは女の子」という性役割意識が強くなってきた時期です。Aのなかでは「女の子はスカート」という図式があり、冬の寒い朝にズボンをはくように話しても頑固にスカートをはいていました。

　図6−67がこのころの絵です。女の子のかわいい色はピンクということで、ピンクのマーカーで頭足人に長い髪の毛、お目目パッチリの女の子を描いています。「かわいいでしょう」「じょうず」と言いながら、うっとりとした表情で描いていました。この頃から繰り返し、家ではこの種のお姫様の絵を描き、どんどん進化していきました。3歳11ヶ月では、身体が出現しました（図6−68）。4歳になると当時は

図6−66　「お姫さま絵」
　　　　　　保育園5歳児クラス

図6-67　A（3歳10ヶ月）
保育園からかえってきて「じょうず」「かわいいでしょう」とうっとりするような表情で描く。パッチリな目と長い髪、足の回りを囲んでいるのはスカートです。年長さんの女の子の描いてるのをまねして描きました。

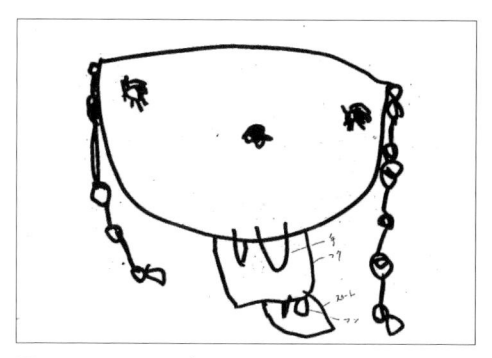

図6-68　A（3歳11ヶ月）
「服（フク）」を描き身体が出現。

図6-69　A（4歳9ヶ月）
「ネックレスをしているおかあさん。エプロンしてるの」

図6-70　A（5歳0ヶ月）
「おかあさんとAの家」

やっていたアニメのセーラームーンの影響も加わり、**図6-69**のようなパターンでよく描いていました。これは「おかあさん」と命名していましたが、現実の母親を描いたものではなく、母親を美しく飾りたいという気持ちで描かれたものです。長いドレス、セーラームーンのような長い髪、額にはセーラームーンの髪飾りまでついています。左右に描かれているチューリップの花も装飾的なものです。**図6-70**は「おかあさんとAの家」と題されています。母親もAも冠をかぶって、指輪もして、ドレスにはハートの模様がいっぱい。家族を描くときは、父親と猫のニャンスケ（オス）もいっしょに描くことが多いのですが、しかし、この種の絵は女の子の世界で「女しかはいっちゃだめなの」と、描かれていません。このころまでに基本的な図式はできあがり、あとはスカートの模様やアクセサリーなどの小物をくふうして描くようになりました。**図6-71**は5歳3ヶ月の絵です。

第6章　図式期の描画活動　　93

ネックレスを描く必要から、身体に首が出現しています。

この事例のように「お姫様の絵」には子どもたちの飽くことのない長い追及があります。それは、この頃の子どもたちの女の子らしい「かわいらしさ」や「美しさ」へのあこがれの追及です。その追求が、色や形の美しさの追及となってあらわれたものです。そしてその過程で、さまざまなくふうを試みたり、友だちとアイデアを交流したりしながら

図6‐71　A（5歳3ヶ月）

進化していきます。こう見ていくと、もっとこの種の絵を肯定的にとらえることができるのではないでしょうか。また、この種の絵の追及にあらわれている子どもたちの「色と形の美しさ」への追及を、もっと別な形で描画活動にとりあげていくこともできるのではないでしょうか。

6　共同画

共同画は、友だちと相談しながら、共通のイメージを作り出し、役割を分担して一つの

図6‐72　「海」　　名古屋・のぎく保育園5歳児クラス

絵を完成させていく活動です。図6－72は生活発表会での劇の背景として描かれた「海」の共同画です。模造紙6枚をのりで貼ってつなげた大きな紙に絵の具で、海底の岩やその上にいる貝やカニ、海中を泳いでいるタコや魚、右上には大きなクジラをそれぞれ子どもたちが分担して描いています。とてもダイナミックで、にぎやかにおしゃべりしながら描いている子どもたちの声が聞こえてきそうな共同画です。

1）持ち寄り方式と寄せがき方式

　この海の絵のようにみんなで相談して、役割分担をして1枚の絵を仕上げていく方法を狭義の共同画とすると、広義には共同画にも多様な取り組み方法があります。たとえば持ち寄り方式とか集合画と呼ばれる方法です。これは、それぞれが描いた絵を一枚の大きな紙に貼り、共同画にしたものです。図6－73は名古屋・ほしざき保育園3歳児クラスの持

図6‐73　プール
名古屋・ほしざき保育園3歳児クラス

下の図6‐74（プール）を拡大したもの
　　　　　　　名古屋・どんぐり保育園

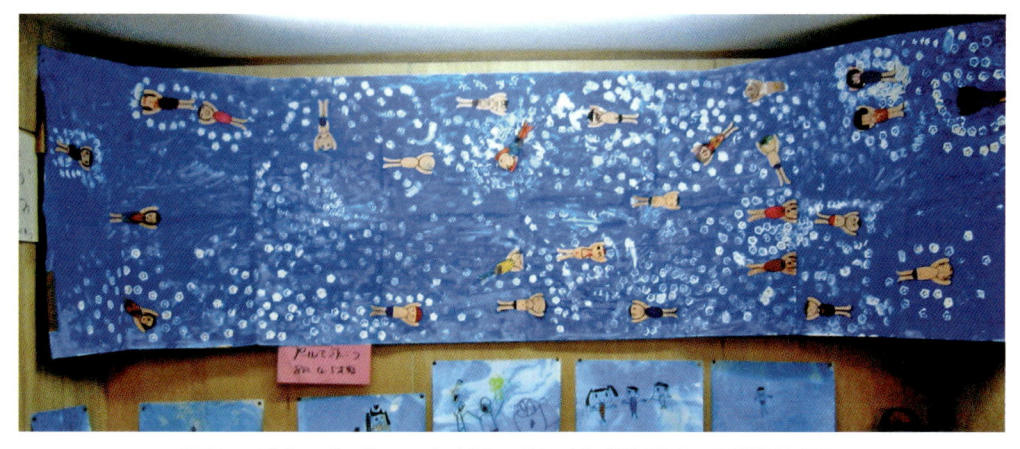

図6‐74　プール　　名古屋・どんぐり保育園4・5歳児クラス

第6章　図式期の描画活動　　95

ち寄り方式の共同画です。夏の楽しかったプールです。墨汁でそれぞれ自分を描いて、みんなで水色に塗った大きな紙に張り付けて完成させました。前ページの**図6−74**は4・5歳児クラスの夏のプールの共同画です。模造紙を8枚張り合わせた大きな紙を、ローラーで青く塗りました。4・5歳児混合クラスなので、人の形をした紙は保育者が作って用意し、自分で水着や顔を描いて貼りつけました。そのあとで、白い絵の具でオクラを使ったスタンピングをして、水しぶきをあげている雰囲気を出しています。また、こうした取り組みでは、ごっこ遊びのように展開していくことも見られます。

寄せがき方式というのもあります。これは合同画と呼ばれることもありますが、文字通りひとつのテーマのもと、大きな紙に子どもたちがそれぞれ自由に描

図6 − 75 「鬼がきた！」
名古屋・どんぐり保育園5歳児クラス

き込む方式です。**図6−75**は名古屋・どんぐり保育園5歳児クラスの子どもたちが、節分のあとで鬼を描いている場面です。全体で「鬼が来た！」というテーマです。大きく広げた紙に、墨汁で子どもたちがそれぞれ思い思いに鬼を描いてできあがっています。このような描き方が寄せがき方式です。

2）だれでも取り組めて楽しめる共同画

遊び絵の技法を取り入れた取り組みもあります。科学館に行ってプラネタリウムを見てきました。その体験をあそび感覚で共同画にしました。まず星空づくり。特大の黒の色画用紙を用意して、そこへオレンジと黄色の蛍光絵の具を筆に含ませて、ピッピッと飛ばすと絵の具が飛び散って、真っ暗な宇宙空間に輝く星が出現します（**図6−76**）。子どもたちは「ワー！　スゲー」「おもしろい」「きれい！」とどんどん星空を作っていきました。こんな取り組みなら絵が苦手な子も楽しく取り組めます。そのあと、プラネタリウムを見ている自分などを描いて切りぬいて、貼って完成。ホールに飾るのがたいへんなぐらいに大きくできあがった作品に「みんなでつくったよねー」と大満足です。

図6-76 「宇宙」名古屋・どんぐり保育園5歳児クラス

3）二人で取り組む共同画

　また、二人で取り組む共同画もあります。**図6-77**は「かにむかし」の紙芝居の絵です。5歳児クラスではじめて取り組む共同画で、最初からたくさんの人数で相談しながら進めるのはむずかしいのではと、二人で一枚の絵を描く紙芝居づくりに取り組みました。「かにむかし」は生活発表会で取り組んだ劇で、14の場面を選んで、28人の子どもたちが

図6-77 紙芝居「かにむかし」名古屋・ほしざき保育園5歳児クラス

第6章　図式期の描画活動　　97

二人一組になり、それぞれ好きな場面を選んで描いたものです。

4）共同画に取り組む意義

　何よりも友だちといっしょに協力し分担しあい、作り出すことにあります。友だちとイメージを交流することで、一人で描くときよりもイメージが広がり、楽しく描くことができます。友だちとお互いの描き方を交流しまねしあったりするなかで、描くのが苦手な子も、描き方を教えてもらったり、できることを見つけて参加できるなどの姿もみられます。一人では描くことのできない大きな絵をみんなで完成させた達成感も大きいものがあります。また、ときには何をどう描くかで意見が対立し、思いがぶつかりあうこともあります。しかし、それを乗り越え完成したときの達成感はより大きいものとなります。

「おれたちって、すごいな！」
　具体的な実践を紹介しましょう。図6－78は、5歳児クラスの生活発表会で取り組んだ「王様と9人の兄弟」の劇の背景画です。
　まず何を描くか話しあって決めます。「宮殿すごくでかいの！」「9人の兄弟たちの家もいるよ！」「うん、ボロボロのね」「宮殿までどうやっていくの」「道だ、道がほしい」と

図6‐78　「王様と9人の兄弟」　　名古屋・のぎく保育園5歳児クラス

描きたいものを出し合いました。その結果、「宮殿チーム」「兄弟の家チーム」「池と川チーム」「山や道チーム」の4チームができ、それぞれ自分の描きたいところを選び4人ずつに分かれました。

　次にチームごとにどんなふうに描くか話し合い、「兄弟の家チーム」は、「おんぼろってどうやって描く？」「（家に）穴をあけよう」「ねずみもいるんじゃない？」と相談しながらイメージをつくっていきます。その次は、模造紙を6枚張り合わせて、紙の上下を決めて、それぞれのチームがどこに描くか決めます。「宮殿と兄弟の家は離れているのがいい」「池や川は兄弟の家の近くがいいんじゃない」「山はその近くだよね」と話しあって構図が決まっていきます。そしていよいよチームごとに順番に描いていきます。まず、墨を使って形を描いて、そのあとに色を塗っていきます。友だちと「どうやってやるの？」「こうやって」と教えあったり、むずかしいところは「いっしょに描いて」と手伝ってもらったり、「この色でよかったかな」「うん」と声を掛け合って取り組みました。絵に自信のなかった子も友だちと相談したり、軽い障害を持っている子もできるところで参加して描きました。できあがるととても見事で「うわぁーきれい」と子どもたちの声があがり、「おれたちってすごいな」と、子どもたちはとても大きな達成感を持ちました。

5）本物の大きさのじんべえざめを描く

　最近は異年齢保育が見直されてきています。名古屋・たんぽぽ保育園異年齢クラス（3歳～5歳）の5歳児たちが中心になって取りくんだ実践です。共同画というと、遠足やお泊りなどの園行事や、物語やお話の世界がテーマになることが多いようですが、「本物らしさの追及」が共同画で取り組まれた実践もあります。クラスに魚が大好きな子がいて、その子が水族館で巨大なジンベエザメを見たことがきっかけで、実物大のジンベエザメ（13メートル）を描く取り組みが始まりました。ホールいっぱいに広げた紙に、ジンベエザメの輪郭を描いていきます。どうしても小さくなってしまうので、高い台の上にのって確認しながら、何度も描き直していきます。形が決まると、絵の具で色をぬり完成です。輪郭は細い筆で、ジンベエザメの体の中は、刷毛を使って、みんなで1時間かけてぬりました。できあがったジンベエザメにみんな「おー、すごい」「こんな大きいものとは、（自分でも）びっくりした」と大喜び。保護者の方々からも「すごいねー」とほめられて大満足でした。筆者もこの共同画をカメラで撮るときに巨大すぎて一度に全体をカメラ収めることができませんでした。図6-79は、保育園の屋上からつるしたジンベエザメの共同画です。

図6-79 「ジンベエザメ」　名古屋・たんぽぽ保育園5歳児クラス

＜参考文献・図（作品）の実践園＞

1
　　図6-1　兵庫・あひる保育園5歳児クラス
　　図6-2　旭川・たんぽぽ保育園5歳児クラス
　　図6-3　名古屋・名東保育園5歳児クラス
　　図6-4　Y（5歳児クラス）　大阪・羽曳野市立はびきの保育園
　　図6-5　名古屋・ナザレ保育園5歳児クラス
　　図6-6　名古屋・のぎく保育園5歳児クラス
　　図6-7　東京都・保育園5歳児クラス
　　図6-8　名古屋・けやきの木保育園4歳児クラス

図6−9　保育園5歳児クラス
図6−10　T（4歳児クラス）　名古屋・けやきの木保育園
図6−11　京都・公立保育園5歳児クラス

2

・乾孝『子どもたちと芸術をめぐって』いかだ社　1971年
・ヴィゴツキー「書き言葉の前史」『子どもの知的発達と教授』明治図書　1977年

図6−12　名古屋・ほしざき保育園5歳児クラス
図6−13　名古屋・のぎく保育園5歳児クラス
図6−14　名古屋・こすもす保育園5歳児クラス
図6−15　名古屋・けやきの木保育園4歳児クラス
図6−16　名古屋・ほしざき保育園5歳児クラス
図6−17　名古屋・ほしざき保育園5歳児クラス
図6−18　名古屋・ほしざき保育園5歳児クラス
図6−19　名古屋・ほしざき保育園5歳児クラス
図6−20　名古屋・ほしざき保育園5歳児クラス
図6−21　N　大阪・ひむろこだま保育園5歳児クラス
図6−22　N　大阪・ひむろこだま保育園5歳児クラス
図6−23　N　大阪・ひむろこだま保育園5歳児クラス
図6−24　N　大阪・ひむろこだま保育園5歳児クラス
図6−25　N　大阪・ひむろこだま保育園5歳児クラス
図6−26　R（5歳8ヶ月）　名古屋・のぎく保育園

3

・横井喜彦『イメージの世界をつくる子どもたち』新読書社　2010年

図6−27　大阪・羽曳野市立はびきの保育園5歳児クラス
図6−28　東京・五日市わかば保育園5歳児クラス
　　　　出典：新しい絵の会『美術の教室』No.66　1999年4月号　62ページ
図6−29　東京・保育園4・5歳児クラス
図6−30　東京・保育園4・5歳児クラス
図6−31　東京・保育園4・5歳児クラス
図6−32　東京・保育園4・5歳児クラス

図6-33　東京・保育園4・5歳児クラス
　　図6-34　東京・保育園4・5歳児クラス
　　図6-35　東京・保育園4・5歳児クラス
　　図6-36　東京・保育園4・5歳児クラス
　　図6-37　東京・保育園4・5歳児クラス
　　図6-38　東京・保育園4・5歳児クラス
　　図6-39　東京・保育園4・5歳児クラス
以上、図6-29～39は、
　　出典）横井喜彦『イメージの世界をつくる子どもたち』新読書社　2010年

4

・田中義和『描くあそびを楽しむ』ひとなる書房　1997年
・松本キミ子『絵のかけない子は私の教師』仮説社　1982年
・H．ガードナー著／星三和子訳『子どもの描画』誠信書房　1996年

　　図6-40　名古屋・どんぐり保育園3歳児クラス
　　図6-41　名古屋・ほしざき保育園5歳児クラス
　　図6-42　名古屋・どんぐり保育園5歳児クラス
　　図6-43　東京・白金幼稚園5歳児クラス
　　図6-44　東京・白金幼稚園5歳児クラス
　　図6-45　東京・白金幼稚園5歳児クラス
　　図6-46　旭川・たんぽぽ保育園5歳児クラス
　　図6-47　旭川・たんぽぽ保育園4歳児クラス
　　図6-48　旭川・たんぽぽ保育園4歳児クラス
　　図6-49　旭川・たんぽぽ保育園4歳児クラス
　　図6-50　旭川・たんぽぽ保育園4歳児クラス
　　図6-51　旭川・たんぽぽ保育園5歳児クラス
　　図6-52　旭川・たんぽぽ保育園5歳児クラス
　　図6-53　旭川・たんぽぽ保育園5歳児クラス
　　図6-54　旭川・たんぽぽ保育園5歳児クラス

5

・田中義和『描くあそびを楽しむ』ひとなる書房　1997年
・井坂とく『造形表現で生きる総合保育』明治図書　2000年

図6−55　名古屋・どんぐり保育園5歳児クラス
図6−56　保育園5歳児クラス
図6−57　名古屋・けやきの木保育園5歳児クラス
図6−58　名古屋・ほしざき保育園5歳児クラス
図6−59　保育園5歳児クラス
図6−60　名古屋・どんぐり保育園3歳児クラス
図6−61　名古屋・ほしざき保育園5歳児クラス
図6−62　名古屋・ほしざき保育園4歳児クラス
図6−63　名古屋・ほしざき保育園3歳児クラス
図6−64　保育園4歳児クラス
図6−65　名古屋・けやきの木保育園4歳児クラス
図6−66　保育園5歳児クラス
図6−67　A（3歳10ヶ月）
図6−68　A（3歳11ヶ月）
図6−69　A（4歳9ヶ月）
図6−70　A（5歳0ヶ月）
図6−71　A（5歳3ヶ月）

6
図6−72　名古屋・のぎく保育園5歳児クラス
図6−73　名古屋・ほしざき保育園3歳児クラス
図6−74　名古屋・どんぐり保育園4・5歳児クラス
図6−75　名古屋・どんぐり保育園5歳児クラス
図6−76　名古屋・どんぐり保育園5歳児クラス
図6−77　名古屋・ほしざき保育園5歳児クラス
図6−78　名古屋・のぎく保育園5歳児クラス
図6−79　名古屋・たんぽぽ保育園5歳児クラス

第7章

図式期の指導・苦手な子の指導

1 図式期の指導

1）絵を描くことが当たり前の生活を

　図式期の描画活動には多様な楽しさがあることを述べてきました。この時期の指導の基本は、それぞれの描く楽しさを子どもたちに伝えていくことにあります。
　まずは、絵を描くことを生活の中で当たり前のことにしていくことです。絵を描くのは行事などのあとだけでは、絵を描く楽しさを子どもたちに伝えていくことはできません。
　生活の中で多様な機会に絵を描くことを位置付けていくことが大切です。しかし、現実には日常保育のなかでどれくらい子どもたちに絵を描く機会があるかは、園やクラスによってかなり差があるように思います。何らかの形で毎日のように描く機会のあるクラスもあれば、ほとんど、運動会などの行事の後に年数回しか描かないクラスもあります。「うちのクラスの子どもたちは絵を描くことがみんな大好きで楽しみにしている」と話す保育者に出会うことがあります。そんなクラスでは、日常的に子どもたちが絵を描いて楽しんでいます。クラスでいっせいに絵を描く時間だけでなく、朝の時間や給食の終わったあと、おやつを食べたあと、いろいろな時間に描きたい子どもたちが何人か描いている姿があります。
　クラスの部屋にお絵かきコーナーを作っている園もあります。ままごとコーナーや絵本コーナーがあるのと同じように、紙やマーカーやクレヨンなどを置いて子どもたちが描きたいときに自由にお絵かきを楽しめるようにすることが大切です。紙も画用紙でなく、ざら紙でよいと思います。

図7−1 絵日誌
大阪・羽曳野市立はびきの保育園4歳児クラス

ししまいな。頭たべた。あっちゃんのおもしろかった。髪の毛長かった。ほんでえへんかった。でも見えた。ほんで耳、目みたいやった。ほんであっちゃんドキドキやった。みたら目じゃった。しっぽも髪の毛も同ふろしきみたいやった。なっちゃんとっと。なっちゃんがししまいのおしりさわっていた。先生が言ってた。おもしろかった。

絵日誌当番

　また、絵日誌当番に取り組んでいるクラスもあります。絵日誌当番とは、その日に保育園であった楽しかったことなどを絵に描いてみんなに発表する係です。

　図7−1は大阪・羽曳野市立はびきの保育園4歳児クラスの子どもたちの描いた絵日誌です。保育園に来た獅子舞のことを描いています。このクラスでは、お絵描き当番として毎日二人ずつの交替で「今日いちばん楽しかったこと」をテーマに描いています。

　絵日誌当番として取り組むことで、毎日の生活や遊びのなかで、絵を描いて表現することが位置づいていきます。その方法やねらい、子どもの実態に合わせて、この絵日誌当番は各地で多様な形で取り組まれています。年齢は3歳児クラスか4歳児クラスぐらいからが多いようです。多くの場合は、給食の後の午睡に入る前までの時間に、その日の楽しかったこと、心に残ったことを絵で描きます。何人かでそれぞれが1枚ずつ描いたり、何人かで相談して1枚の絵を描くこともあります。描き終えたら、おやつを食べたあと、帰りのあいさつの時間の前などにみんなの前で発表する機会を持ちます。

　絵日誌から子どもたちに共感がひろがり、子どもたちの仲間関係が育っていくこともあります。名古屋・どんぐり保育園の小西先生は、大阪の保育者たちの実践に学んで、5歳児クラスで絵日誌当番の実践に取り組みました。3人ずつグループになって、その日の出来事の中から選んで、友だちと何を描くか相談したりして、帰りの会で描いた絵を発表します。

　12月のお店やさんごっこの取り組みの日です。各グループがお店ごとにリーダーを決めて、バスチームは、あきらくんがリーダーです。人が乗れるバスを作って子どもたちが押

図7-2 名古屋・どんぐり保育園5歳児クラス
あきらくんが一人でがんばってバスを押しているところ。

してドライブを楽しむお店です。途中でグループのほかの子がみんな自分の買い物に行ってしまい、運転する子があきらくんだけになり、最後まで一人でがんばっていたことが、あとで感想を出し合うなかでわかりました。あきらくんによれば、「ぞう組の買い物の時間にみんな（バスチームのメンバー）が行っちゃって、おれリーダーだしお客さんもいるし、がんばったんだ」ということでした。みんなであきらくんすごいねーと話しあったところ、その日の絵日誌当番だったはるかちゃんが、「あきらくんが一人でがんばってバスを押しているところ」（図7-2）と描き、みんなの前で発表しました。翌日、同じバスチームのさとしくんの連絡帳には「『あきらくんすげーよ。だっておれたちが買い物に行ってるあいだにも一人ではたらいていたんだもん』と彼のがんばりをとっても評価してました」と家庭からお母さんが書いてきました。あきらくんのがんばりに感動したはるかちゃんが、その思いを絵日誌で表現し、その思いがみんなの中で確認され、共有されていった出来事でした。

2）対話活動の大切さ

　なぐりがき期と同様に対話活動を通して共感を作り出していくことが大切です。この時期の子どもたちは、なぐりがき期や前図式期の子どもたちとはちがって、描いているときには黙々と取り組んでいます。しかし、描き終わったあとに聞くとたくさん話をしてくれます。図7-3は大阪・寝屋川市立ひなぎく保育所4歳児クラスのKくんが夏に園庭でセミ取りをした時の絵です。クマゼミは木の上の方にいるので子どもたちは捕まえたくてもとることができません。そこで先生たちがアミで捕まえて、あとで保育園のホールに放して子どもたちで捕まえました。絵だけでは表現できない、その時の楽しかった思いをあと

図7-3 K
大阪・寝屋川市立ひなぎく保育所4歳児クラス

せみとるときめっちゃすごい。せみとれるからO先生すごいねん。K先生もすごいで。あみでポーンってとるで。K先生がクマゼミとろうとしている。Kくんは何もとられへん。せみは上の方におるから。全部上におるねん。K先生しかとどかへん。遊戯室ではなくKくんもとれてん。下に落ちてな、せみ捕まえて、ポーイって飛ばしてん。とばしたらすぐ上にいくねん。
（左、K先生　右、O先生）

で保育者に話しています。

　また、この時期では保育者だけでなく、子ども同士の対話活動も重要になってきます。吉田れいさんは、できあがった作品を子ども同士で見せあい、話しあう活動の重要性を指摘しています。絵ができあがったら、一人ひとりの作品を保育者と子どもたちで見あいながら、描いた子どもの思いを聞き共感し、その絵のすてきなところ、がんばったところを認め合う活動が大切になってきます。4歳児クラスぐらいになると、絵の形が上手に描けているかいないかが子どもの目にもはっきりとわかるようになってきます。おたがいの絵を見あうなかで「へんなの」と否定的な評価も出てきます。この場合も「へんだ」という発言を抑えるのでなく、卒直に自分の思いを出したことを評価しながら、描いた子の思い、その絵のすてきなところを発見していけるようにすることが大切です。吉田さんは「絵を見ながら、笑ったり、うなずきあったり、共感したり、励まされたりして、子どもたちの心がつながっていく」と述べています。こうした絵を見せあう活動が、子どもたちの仲間関係を育てていきます。

3）基礎的技術の指導をどう考えるか

　図式期に入ると子どもたちは、色や形を意識して、自分の描きたいものをどう表現するか自覚的に追及するようになります。当たり前のことですが、描きたいものを自分の思い通りに描くためには技術が必要です。ですから、この頃から基礎的な技術の指導も必要になってくると思います。しかし、どんな基礎的技術の内容を、どの時期にどこまで、どういう方法で伝えていくかは、保育の現場では多様な実践が取り組まれています。

図7－4　「ざくろの実」　京都・洛陽保育園5歳児クラス

用具・画材の使い方

　まず、基礎的技術の内容としてあげられるのは、画材や用具の使い方です。この時期には絵の具が本格的に導入されます。絵の具の使い方は大きく二通りあります。一つは溶き絵の具と呼ばれる方法で、保育者が色をつくり、子どもたちは保育者が作った色の中から選んで色をぬります。図7－4は京都・洛陽保育園5歳児クラスのざくろの実の絵です。この保育園には、大きなざくろの木があります。その木になった実をとってきて二つに割り、子どもたちは見ながら描いています。色はざくろの中にどんな色があるか、その場で子どもたちと保育者が話しあいながら保育者が作っていきます。その保育者が作った色のなかから、子どもたちが色を選んでぬっていきます。

　もう一つは、固形絵の具などで子どもが色をつくってぬっていく方法です。どちらの場合も、筆の持ち方、筆に色つける、筆洗いの使い方などが指導としてとりあげられます。ここでは名古屋・ほしざき保育園の大橋美由紀先生の実践を一つの例として紹介しましょう。5歳児クラスでの固形絵の具の導入指導です。

　まず、筆の使い方を知らせます。筆には丸筆と平筆があること、筆の持ち方を教えます。次に水バケツ（筆洗い）に筆をつけ、筆雑巾で水をふきとり、絵の具にくるくると筆をこすり色を含ませます。色を変える時はしっかり洗い、筆雑巾でふいて色が残ってないか確かめます。筆に含ませた水が少なくてカサカサしている時は、「筆が痛いって言っているよ」と水加減を教えていきます。また、となりあった色をぬる時には、薄い色から、

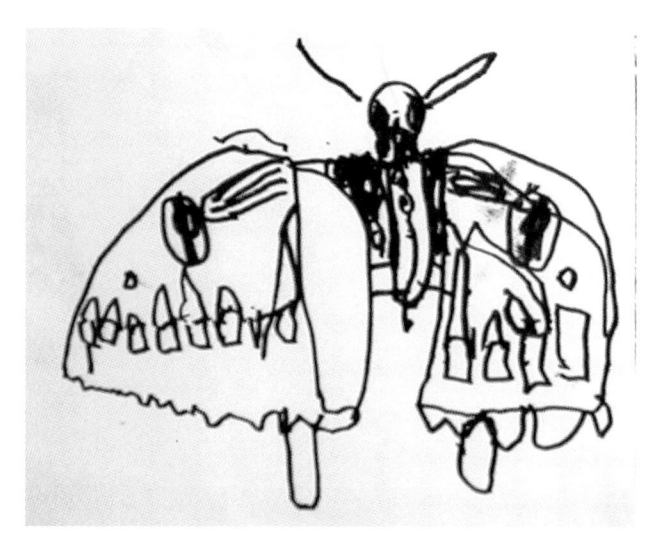

図7-5　アゲハ蝶　名古屋・のぎく保育園5歳児クラス

色が乾いてからぬることも伝えていきます。こういった基礎的な絵の具や筆の使い方を、画用紙に描いた丸や線で囲まれた四角を色できれいにぬる活動に取り組むなかで、子どもたちに伝えていきます（89ページ図6-61参照）。

表現目的に応じた画材の選択

　表現目的に応じた画材の選択も広い意味での保育者の指導です。図7-5はアゲハ蝶です。青虫がさなぎになって、アゲハ蝶が生まれるのを園で観察するなかで描かれた1枚です。アゲハ蝶の細かいところまでよく見て描かれています。ハガキ大の小さな紙に細字のマーカーを使っています。こういう細かい部分まで描きこむときは、大きい紙でなく小さい紙に、マーカーも細字用のものが描きやすいようです。この他に鉛筆やわりばしペンなどもよく使われます。

　絵の背景やバックをぬった方が良いかもよく問題になることがあります。先に紹介した「かぶと虫の幼虫」（62ページ図6-7）では、茶色の色画用紙を使っています。土の中ですから、バックは茶色となりますが、これをクレヨンでぬるのはたいへんな作業になります。そこで保育者は茶色の色画用紙を用意してバックは描かなくてよいように配慮しています。これも画材の工夫の一つでしょう。

　図7-6は秋の森への遠足を描いた一枚です。クレヨンで描いて、その上を絵の具で赤くぬるはじき絵の技法で、紅葉で赤く染まった森の雰囲気が表現されています。図7-7はタンポをつかった表現です。絵本『はなをくんくん』をテーマに、冬ごもりしている動物たちを描いたものです。空から降ってくる雪をタンポで表現しています。雪のフワフワ

図7-6　名古屋・名東保育園5歳児クラス

図7-7　「はなをくんくん（冬ごもり）」
　　　　京都・公立保育園5歳児クラス

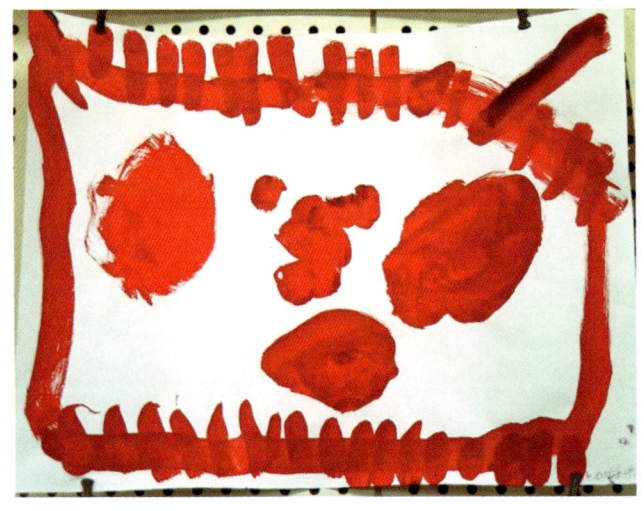

図7-8　「だんごむし」　神奈川・幼稚園3歳児クラス

とした柔らかさがタンポを使うことで表現されています。図7-8は3歳児クラスでのダンゴ虫の表現です。3歳児クラスでは、太い筆で線がきの表現がよく見られます。3歳児クラスらしいのびのびとした表現が現れます。

このようにどんな表現を子どもたちと楽しみたいか、その目的に応じて画材や技法をえらび、子どもたちに伝えていくことも大切な指導の一つだと思います。

どう描いていいかわからない

基礎的な技術としての基本的な用具・画材の使い方については、どの園でもなんらかの形で指導されていると思います。しかし、同じく基礎的な技術として、「描き方」を教えることについては、賛否両論があるでしょう。賛成意見としては、描く技術がないと自由に描きたいものを描けないから、描き方の技術を教えることは必要だという意見があります。反対意見は、描き方を教えると子どもの自由なイメージがそこなわれないか、大人の描き方を押しつけることにならないか心配だということがあります。しかし、描き方を直接教えるかどうかは別にして、描き方のヒントをさまざまな手立てで教えることは必要だと思います。5歳児クラスでの人間の体の向きや姿勢、動きの表現を通して考えてみましょう。

図式期に入ると、人間の表現も3、4歳のころの頭足人から、進化し胴体から手足が出てきます。最初はもっぱら正面向きで棒立ちの人間が描かれます。5歳児クラスになってくると、子どもたちは身体の姿勢や動きを表現したくなってきます。たとえば夏にはプールの絵に取り組むことが多いと思います。プールの絵では、泳いでいるところをどう表現するか、この時期の子どもにとってむずかしいものがあります。多くは正面向きの体をそのまま横に倒して泳いでいるところを表現します（図7-9）。また、体を横向きにするだけでなく、顔を横向きに描く子もいます（図7-10）。子どもなりに、泳いでいるこ

図7-9 保育園5歳児クラス
人間せんたっきと水鉄砲がすき。ロケットおよぎ、手にもう片方の手をのせてバタ足するの。プール好き。バチャバチャするの好き。

第7章　図式期の指導・苦手な子の指導

図7-10 保育園5歳児クラス
上むきでおよぐのがむずかしい。プールの中でにらめっこするのもおもしろい。人間洗濯機もすき。

図7-11 「生活発表会」名古屋・ほしざき保育園

図7-12 名古屋・けやきの木保育園5歳児クラス
とびばこ、やったよ5段！ 5段とべてうれしかった。鳥みたいにとんでるみたいだった！！。

図7-13 名古屋・ほしざき保育園5歳児クラス
たてがみ。フサフサだったよね。全部に毛だらけだったから描く。ぼく手広げたよ。

図7-14 名古屋・ほしざき保育園5歳児クラス
馬に寝ころんだよ。あったかかった。おなかもぺたっとくっつけたよ。毛がいっぱいだった。

ろをどう描くか、このようにさまざまなくふうが見られます。

　5歳児クラスも後半になってくると、姿勢や身体の動きを上手に表現する子どもたちが出てきます。図7-11は生活発表会での劇を描いたところです。正面向きに座っている子、横向きに座っている子どもなどが表現されています。

　このような姿勢や動きの表現は、形を描くのが上手な子はどんどん描いていくようになりますが、多くの子にとっては描きたい意欲はあってもむずかしいものがあります。場合によっては、保育者の意図的な指導が必要になってきます。図7-12は運動会で跳び箱を跳んでいる場面を描いています。最初跳び箱を跳んでいるところが描きたいのに描けないでいる子に、保育者が働きかけて、他の子が目の前で跳び箱を跳んでいる姿勢をとり、モデルになり描いた絵です。このように実際に目の前でその動きを見せることも有効な方法の一つです。

　図7-13、14は名古屋・ほしざき保育園の5歳児クラスの子どもたちが描いた乗馬の絵

図7-15 名古屋・ほしざき保育園5歳児クラス
遠足での乗馬体験を粘土で表現

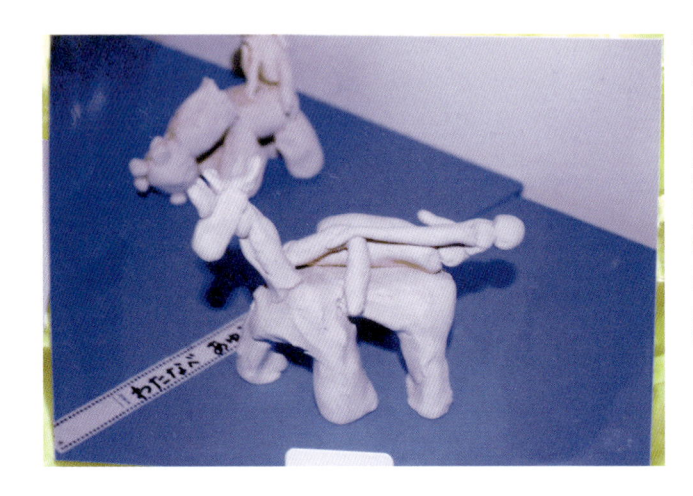

図7-16 名古屋・ほしざき保育園5歳児クラス
遠足での乗馬体験を粘土で表現

です。この園では毎年、年長さんは園外保育で乗馬クラブに出かけて馬に乗ります。その時の乗馬体験の絵です。本物の馬を間近に見て、体毛がふさふさしているのが印象的だったようで、毛が強調された触覚的な表現になっています。馬の上で手を広げている姿、馬の背に寝そべっている姿が描かれています。いきなり乗馬の場面を描こうとしても、どう描いたらいいのか、子どもにむずかしいものがありますが、この園では絵で表現する前に、粘土で馬に乗っているところを表現しています。図7-15、16が粘土での表現です。馬と自分の身体との位置関係を粘土で表現すると、絵で姿勢や身体の動きを表現しやすく

図7－17　少年少女冒険隊（貼り絵での表現）
名古屋・ほしざき保育園5歳児クラス

なります。また、人間の身体の姿勢や動きを貼り絵で表現させることもあります。図7－17は同じく名古屋・ほしざき保育園の5歳児クラスでの持ち寄り方式の共同画です。運動会で「少年少女冒険隊」を楽しんだ時の絵です。子どもたちの顔、胴体、手、足などのパーツをバラバラにして、組み合わせていろんな動きを楽しんだあとに、最後の決めのポーズで揃えて貼ったものを共同画にしました。貼り絵を楽しむなかで、いろいろな身体の動きを子どもたちが意識して表現していくことができます。

　モデルを見せたり、粘土や貼り絵での表現を通して、子どもたちが描きたいと思った身体の動きや姿勢を意識させ、表現しやすくすることができます。このように子どもがどう描いたらいいかわからない時には保育者のさまざまな指導や援助の工夫が必要になってきます。

第7章　図式期の指導・苦手な子の指導

2　絵の苦手な子の指導

1）なぜ苦手意識が

　幼児の絵についての研究会などで、もっともよく話題になるのが、絵に苦手意識を持つ子どもたちの問題です。以下はある研究会での保育者の発言です。

　「絵が描けない女の子がいます。上手に遊ぶし、友だちとの関わりもへたなわけではないのですが、お絵描きのときになると、動けなくなって固まってしまいます。
　私の保育園では、「みんなでお絵描きを」というような一斉保育の時間は設けていませんが、たとえば行事の次の日などは、遊びの合間、合間に子どもにちょっと声をかけて、『きのうの遠足で楽しかったことを描いてみない』とさそい、一応全員で描いて、お迎えのお母さんたちに見てもらうようにしています。
　その子は時間がかかると思って、『昨日の遠足のことを描こうね』と一番に声をかけたのですが、クレヨンを持ったら固まってしまって、『何が楽しかった？』と尋ねても、もうその時は無言になってしまうのです。私もどうしようかなと悩み、みんなが取り組んでいるなか、その子だけ絵が無いのもどうかなと思ったのですが、しばらくようすを見ていたのですが、やっぱり手はすすまないようすでした。描きたいという気持ちはもしかしたらあったのかなと思ったりもして、声をかけていたのですが、山の絵しか描けなくて、結局外に出る時間になってしまいました。それでしかたなく、こちらの思い（全員に遠足の絵を描いてもらいたいなと思っているということ。今日のうちに描いてほしいと思っているということ。友だちが回りにいる中で描くのは恥ずかしいというので、みんなが外にいるうちに描いてもいいんだよ、ということ）を伝え、どっちにすると尋ねたら、「今は外に出て、あとで描く」と言ったので、「じゃあそぼうか」と外に出てあそびました。そして、お昼寝の後に「どうする」って尋ねると、席に座ってきたので、クレヨンなどを渡したのですが、やっぱり描けませんでした。その日、一日を通して絵を描けなかったのはその子だけでした。
　年長さんでもあるし、これからの活動の中で絵を描いていくような機会も増えてくると思う。そのときに、絵が苦手でなかなか自信が持てなく、描けない子に、どうアプローチしていったらいいのか悩んでいます。その子自身、自分でも絵は苦手だと、ポロッと言ってくれたりもするので。気持ちは受けとめているのですが……。でも、描かそうとしている（保育者としての）自分もいるので、やっぱり受け止め切れていないのかな思ったりも

して、子どもたちにとってはきつい場面なのかなと思ったりもして悩んでいます。とりあえず、今日のことはていねいに保護者の方にも伝えたいと思いますが、このようなことが何回もあったらほんとうに絵を描くことがきらいになってしまうのも哀しいので、もしかしたら描かないでもＯＫでもいいのかなと思ったりもしてもしたりして、他の保育園では同じような場面の時は、どうやって取り組み、関わっているのか、教えていただきたいのですが……」

　絵が苦手で描きたくない、描いた絵をみんなに見られたくない子。なんとかして描いてほしい、あとで絵を掲示するのにこの子だけ絵がないのはどうだろうか、親はそのことどう受け止めるだろうかと思い悩む保育者。絵を描くことは本来楽しいはずのことなのに、どうしてこんなに子どもも保育者も追いつめられてしまうのでしょうか。
　苦手な子たちは、絵に自信がなく友だちや親たちに自分の絵を見られたくないという思いが強くあります。ところが、描いたあとには、自分の絵が友だちの絵といっしょはり出されることになります。苦手意識をもつ子どもたちには、耐えられないことではないでしょうか。そもそも、なぜ絵を描いたあとにはりだすのかもあらためて問いなおしてみる必要もあると思います。子どもは楽しかったこと、感動した体験を絵と描いたあとのお話で表現します。保育者はその絵とその絵にこめられた子どもの思いを、他の子どもたちや、子どもたちの親たちと共有するために絵をはりだすのだと思います。壁にはられた絵を前にして、子どもたち同士や、お迎えに来た親たちとの間で、「運動会楽しかった」「リレーがんばったけど１番になれなかった」「おいものつるをみんなで引っ張ったら、大きなおいもがたくさんとれた！」と、楽しい会話がかわされるのが、その本来の姿ではないでしょうか。それが、形が上手に描けているかどうかを基準に、親たちが子どもたちの絵を「できる子」「できない子」に分類してしまう悲しい現実があります。こうした見方が子どもたちを委縮させてしまうのでしょう。
　こうならないためには、親に日常的に「〇〇ちゃんはこんなすてきな絵を描いたよ」と、一人ひとりの子どもの思いと、その絵のすてきな点を親たちに伝え、絵の見方を伝えていくことも大切です。また、描いた絵を展示するという、当たり前の考え方を見直して見ることも大切です。たとえば、名古屋・ほしざき保育園の「少年少女冒険隊」（115ページ）のように、貼り絵の共同画で表現するという方法もあります。貼り絵なので形の描けない子も取り組むことができるし、共同画なので個々の出来栄えが評価されることもありません。でも、運動会でがんばったこと、楽しかったことがしっかりと表現され、その思いを子どもたちと、それを見る親たちで共有することはできるのではないでしょうか。このように、苦手な子でもみんなといっしょに取り組み、その思いを他の子や親たちと共有していくことを工夫していくことも大切です。

こういった苦手意識を持つ子どもが目立ってくるのは、3歳児クラスの後半ぐらいからのようです。図式期の発達でも述べたように、この時期は描く前にあらかじめどんな絵を描きたいか、子どもの頭の中である程度イメージが明確になってきます。恐竜の好きな子は、本物らしく恐竜を描きたいし、プールを泳いでいる姿を描くときは、それらしく描こうとイメージするのがこの時期です。したがって、子どもたちは「どう描いたらいいか」を意識的に追求するようになります。ここからこの時期の子どもらしい独特の表現も生まれてきます。それは、前にも述べた基底線と太陽・雲、視点の混合などの特徴です。
　このようにある程度描きたいもののイメージがはっきりしてきて、描くことを意識的に工夫するようになると、自分のイメージどおりに描けるとよいのですが、それができないと苦手意識につながってくることがあります。大きなハサミをもった強そうなザリガニを描きたいのだけどうまく描けない。大好きなティラノサウルスを描きたいのだけど、ちっとも恐竜らしく描けない。これでは絵を描くことが楽しくありません。
　この時期は、先にも述べたように、自我の発達という面から見ると、自分を客観的に見つめるようになり、友だちと比較してできる、できないが気になりはじめるころです。上手に描けていないと、友だちに「へんなの」「へたくそ」と言われたりして、自信をなくし、友だちに絵を見られたりするのがいやになります。
　このように、この時期に絵に苦手意識をもつ子がでてくるのは、個人的な理由だけでなく発達的な理由があります。
　こうならないためには、一人ひとりの子どもの表現のすてきなところや、その表現にこめられた思いに共感してくれるクラスの仲間関係の育ちが大切です。そんな仲間関係のなかで、自信のない子も自分の思いを絵で表現できるようになっていきます。同時に、おたがいを認めあうクラスの仲間関係の育ちです。

2) 苦手意識を持つ子にどう取り組むか

　こういった苦手意識をもつ子どもたちにはどう指導していったらよいのでしょうか？基本は、やはり描くことの楽しさを子どもたちに伝えていくことです。行事のあとに絵を描くことになって、なんとか描けないだろうかとその場その場で対応するのでなく、生活の中に絵を位置づけ取り組んでいくことが大切です。実践をもとに検討していきたいと思います。
　名古屋・どんぐり保育園の小西先生の実践に学びながら考えてみましょう。
　3歳児クラスのひろとくん。他の遊びの場面ではうんと楽しめる力があり、ブロックを構成してとっても楽しいものをつくることもできます。でも描画を始めると、「ぼくお絵かききらいだもん」とどこかに行ってしまい、なかなか描くことに向かえない、自信がも

てないひろとくんでした。6月のプール開きのときも他の子たちが、「かっぱおやじいたよね」「かみなりおやじいたよね」と、楽しく会話しながら描いているそばで、ぐにゃぐにゃと投げやりな線を描いて、早く描けた子といっしょに外に出ていってしまいました。

遊び絵に取り組む

こんなひろとくんに小西さんは、二つのことを意識的に取り組んでいきました。一つは絵が苦手な子でもだれでも達成感が味わえる遊び絵です。「パンパン画」(両手に絵の具をつけて紙の上でパンパンとたたくと絵の具がとんで模様ができる)「はじき絵」「吹き絵」「マーブリング」などに取り組みました。マーブリングは、とてもきれいにできあがり、「うぁーきれい」と、どの子も自分の作った作品に感動し、「○○のはどれー?」と自分の作品を眺めていました。「もっとやりたーい」という声がいっぱいあがっていました。絵を描くのが苦手なひろとくんもこういう活動は大好きで楽しんで取り組んでいました。

一対一でゆったりと描く時間を持つ

小西さんがもう一つ意識的に取り組んだのは、ひろとくんと一対一でゆったりと絵を描いて楽しむ時間を持つことでした。3歳児クラスになると一人担任で、なかなか一対一でゆったりと描く時間を持つのはむずかしくなります。たまたまひろとくんがプールに入れない日があり、プールに入ってる子どもたちを他のクラスの担任に頼み、小西さんはひろとくんと向かいあって絵を描く時間をもちました。

ひろとくんは「ぼくの大好きな中華料理屋さん」「ぼくのマンション」を描き、「ここはパパがテレビを見ているの」「ママは料理しているんだよ」「パパはやらないの、ビール飲んでるの」「ぼくは狭いところで、早くごはんできないかなってあそんでるの」といっぱいおしゃべりをして、保育者もひろとくんと楽しい時間が持て、一歩前進したという手ごたえを感じました。ところがプールからあがった子どもたちが戻ってくると、また、ぐちゃぐちゃの線に戻ってしまいました。

このあと、遊び絵の活動と少しずつ保育者と一対一で描くことを楽しんでいったひろとくん。9月の親子合宿のあとクラスで絵を描いたとき、みんなといっしょに「かなちゃんのお父さんお酒のんでよっぱらっているの」など楽しくおしゃべりしながら描いている姿がありました。

この小西さんの取り組みから学べることは、まず、苦手な子には描くことの楽しさを伝えていくことが何より大切だということです。描くことの楽しさやおもしろさを体験すれば、苦手意識の強い子も意欲的に向かっていくようになります。そして、形が描ける描けないにかかわりなく、描くことの楽しさを体験できる取り組みの一つが、マーブリングなどの遊び絵です。偶然にできる、色や形の美しさやおもしろさを発見し、友だちと共感し

あう活動です。こうした取り組みを通して、「絵って楽しいな、ぼくでもきれいにできるんだ」と苦手意識を減らしていきます。

　また、もう一つの取り組みは、保育者と一対一でゆったりと描く場をもつことです。形を意識して描くようになり、友だちといっしょの場面では見られるのがいやでぐちゃぐちゃの線になってしまうひろとくん。先生と一対一なら、友だちの目も気になりません。テーマも自分の描きたい、楽しかったことで描くことができます。プールや運動会の行事の絵は描けなくても、休日に家族で出かけたことなどは楽しく描くことができたりします。こうした自分の描きたいテーマを描き、大好きな担任保育者がその思いに「すてきだね」「すごいね」と共感してくれる、これが絵を描く楽しさの原型のようなものです。この一対一で描く取り組みを通して、描くことが楽しくなり、自信を持って描けるようになっていく姿があります。このように、一人ひとりの子どもの「描けない」実態に即して、「描くって楽しいな」と子どもたちが感じられるような体験を積み重ねていくことが大切です。

友だちとの関わりで苦手意識を克服

　先に、自分の思いを安心して表現できる仲間関係の重要性を指摘しましたが、友だちとのかかわりのなかで苦手意識を克服していくこともあります。京都・朱一保育所の糸川さんの実践を紹介しながら検討してみたいと思います。5歳児クラスの4月、しんくんは、友だちが絵を描いているので、自分も描こうとクレパスの箱を出してきたのですが、その時に友だちの描いてる絵をみて、一瞬、表情が曇り、「描かへん」と言って席から離れていってしまいました。友だちの絵を見て自信をなくしたようでした。その後、5月、6月と絵を描こうとさそっても「描かへん」といやがるしんくんの姿は変わりませんでした。そこで、糸川さんは、同じように絵が苦手なひろくんといっしょに「プール遊び」の絵に取り組んでみました。ひろくんが泳いでいるところが描けないで、悩んで先生にどう描いたらいいか相談しているのを見て、しんくんもひろくんの隣で描き始めました。緊張しながらもクレヨンでプールを描きはじめたしんくん。顔を描いたところで、手がとまりました。ひろくんと同じように泳いでいる身体がかけないで悩んでいました。でも、今回はここでやめないで、「からだ、どーすんの」とひろくんと同じように先生に相談して最後まで描くことができました。描き終えたあとのしんくんは満足感あふれる笑顔でした。同じ苦手意識をもちながらも、一生懸命描いている友だちの姿に励まされて描いたしんくんの姿がありました。

　秋はいもほり遠足の共同画にグループで取り組みました。しんくんは、またまた「描かへーん」と言いだしました。グループの子どもたちは、しんくんの思いにかかわりなく、「おいもどこに描く？」と相談していきます。「ぼくは、ここに描く」「私はここにする

わー」とそれぞれ描く場所を決めていきます。そして「しんくんはココ」と当然のように
しんくんの場所も決まりました。突然に思ってみなかった場所を割り当てられて、びっく
りしたようなしんくん。紙を見ながら「ぼくの場所があるんだ」と感じたようです。ふっ
切れたように「おいも」を描き始めました。そのあと、「木も描こう」と描き始めると、
ほかの子も木を描き、しんくんがリードする形ですすんでいきした。

　その後、生活発表会にも意欲的に取り組み、生活発表会の絵もていねいに集中して描
き、みんなに評価されました。次の日には、初めて「自分から絵を描く」と課題画でない
絵も描きました。

　この糸川さんの実践から学べることは、絵に苦手意識を持つ子の問題は、その子自身の
問題でなく、その子を取り巻くクラスの仲間関係の問題でもあるということです。しんく
んが、4月に友だちの絵を見て「描かへん」と描かなくなったのは、絵に苦手意識をも
ち、友だちと比較してできない自分に傷つくのが大きな原因です。友だちの絵を見て「へ
んなの」とバカにしたり、笑ったりする雰囲気のクラスでは、形が上手に描けない子は、
苦手意識を増幅させます。みんなと同じように描けなくても、その子なりの思いの表現と
して、絵での表現を受け止めていける仲間関係を育てていくことが大切です。しんくん
も、同じように描けない子どもに励まされたり、絵の苦手なしんくんにも当たり前のよう
に共同画に受け入れてくれる友だちの存在が、苦手意識を克服していくうえで大切な役割
を果たしていました。

大人が描き方を教える

　形が思うように描けなくても、それぞれの絵での表現を認めあうことが大切ですが、
「こう描きたい」「あんなふうに描きたい」と自分のイメージにこだわる姿もあります。思
うように描けていないのに、「すてきだね」と評価されても納得のいかない姿もありま
す。そんなときには、大人が描いてみせることも選択肢の一つとして考えてよいのではな
いでしょうか。

　名古屋・のぎく保育園の平松先生の実践を紹介しながら検討してみたいと思います。3
歳児クラスです。4月生まれで4歳一番のりのりょうたくんですが、絵を描くのは自信が
ありません。10月のある日、みんなで、楽しかった運動会や遠足の絵を描いていました。
りょうたくんは、友だちが描いているようすを見たり、「これなーに」と聞いたりしてい
ました。平松さんは、そんなようすに絵を描きたい気持ちはしっかりあると思い、「りょ
うたくんも描く？」と誘ってみました。りょうたくんは、いつものように形にならないく
ねくねの線を描き「へび」と命名しました（図7-18）。平松「へびかー。大きなへびだ
ね。にょろにょろー」。つぎにりょうたくんが線と線の間にちいさなグルグル丸を描きま
した。平松「あららっ！！」大げさにいうと、りょうたくんはにやりと平松さんを見て

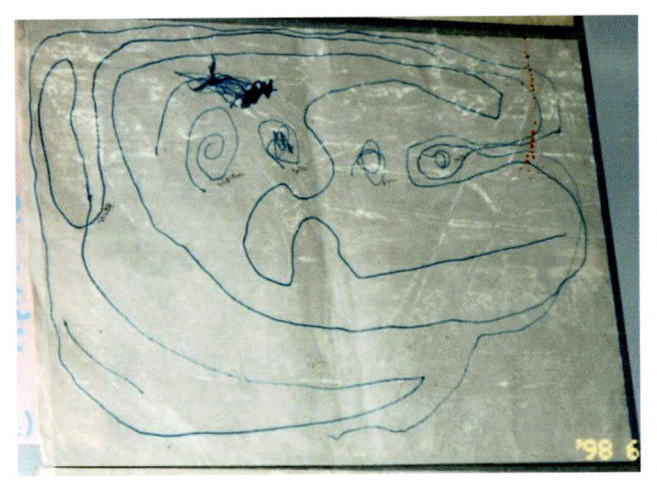

図7-18 りょうた 「へび」
　　　　名古屋・のぎく保育園3歳児クラス

「ひらまっちゃん」。平松「ひぇー、それわたしなの？（りょうたくんはうれしそうにうなずいています）うわーどうしよう！」。りょうたくんはその横にぐるぐる丸を三つ描き、「これりょうた。これようへい。はるなもー」と描きました。平松「みんなへびにのみこまれちゃったんだね」と、初めてりょうたくんと、絵を描くことを楽しめた時間でした。すぐに、平松「もう一枚描く？」と聞くと、「うん」と返事し、描き始めました（図7-19）。ところが下の大きな丸を描いて「ぼく」と言ったまま止まってしまいました。もじもじとペンを口のところに持っていったり、天井を見たり、困っているようすです。平松

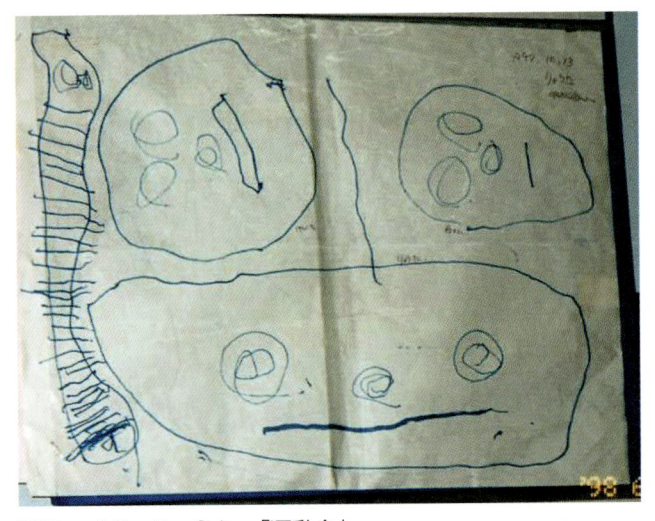

図7-19 りょうた 「運動会」
　　　　名古屋・のぎく保育園3歳児クラス

図7−20　りょうた　　　　　　　　　名古屋・のぎく保育園5歳児クラス
いまいちばんたのしいのは「ころがしどっち」いっぱいボールがはやくくるときが「きゃあー」って感じがするから。

「りょうたくん、顔を描きたいの？」、りょうた「だって目が描けんもん」、平松「そうかー。あのね、お顔のここらへんにぐるぐる丸を二つ描いてごらんよ。さっきのぐるぐる丸と同じ、すごく上手だったもんね。（りょうたくんは、二つの小さなグルグル丸を顔の中に描きました）そうそう、ほら、目ができた。今度はね、真ん中に何がある？　そうお鼻だね」。そこまで言うと、りょうたくんは目の下に小さな丸を一つ描きました。そのあとは、自分で上に母親と兄を描きました。

平松「楽しそうだね、みんなで何してるの？」、りょうた「運動会！」、平松「そうか、運動会だ、みんなが見にきてくれたもんね」。りょうたくんが初めて描いた生活の表現でした。

りょうたくんは、これをきっかけにだんだんとすてきな表現をするようになってきました。図7−20は、そんなりょうたくんが5歳児クラスのときに描いた絵です。クラスの友だちといっしょにあそんだ「転がしドッチボール」を描いた楽しい表現です。

このように大人が描いてやることについては、反対意見もあると思います。描き方を教えると、「描いて、描いて」と依存的にならないか？　子どもの表現に大人のイメージを押し付けることにならないかと批判が強く出されることがあります。しかし、このりょうたくんのように、描きたい気持ちが強くあるけど形が描けない、そんなときには、子どもが自分の表現を見つける一つのきっかけとして、大人が描き方を教えることもあってよいのではないでしょうか。

思うように描けなくて、絵に自信が持てない、ひろとくん、しんくん、りょうたくんの

第7章　図式期の指導・苦手な子の指導　　123

事例を紹介してきました。遊び絵や保育者との1対1の対話で絵を描くことが楽しくなっていったひろとくん。友だちとのかかわりの中で、苦手意識を克服していったしんくん。保育者に描き方を教えてもらったのがきっかけで、自分の表現を見つけていったりょうたくん。それぞれに違いがありますが、共通しているのは、保育者の取り組みを通して、描くことの楽しさに目覚めていった三人の姿です。生活のなかでの楽しい経験があり、そのことを絵で表現して、クラスの子どもたちや保育者と「楽しかったね」「すてきだね」と共感しあうなかで、苦手な絵が楽しい時間に変わっていったのでした。

3　子どもの絵の診断的見方について

1）絵に人間が出てこないのは

あるお母さんにこんな話をうかがいました。

「先日、長男（年少クラス・7月生まれの4歳）の個人面談で「気になっていることが……」と担任に言われました。その内容は「絵に人が出てこない」ということでした。思い当たることは？ などと尋ねられても、さっぱり……？　自動車は大好きで一年くらい前は「自動車描いて」とせがむことが多く、ときどき描いてやっていました。それを今自分で描いているのかなと単純に思うのですが、担任は「言葉かけや会話を増やしてみて」と言います。ちょっと落ち込んだというか、「何か悪いことなのかしら？」と思ったりもしているのですが、反面、「人が出てくるのがこの年齢の正しい絵」という思いこみでは？　という疑問も感じます。描き方がわからない、ということもあるのか、単純に気持ちが人にいってないのか、まだまだわかりませんが（……）。」

絵に人間が出てこないのは何か問題があるのだろうか、このお母さんの疑問です。このように絵を通して子どもの心の問題を診断しようとする見方は、心理学の専門家だけでなく、保育者や保護者などに幅広くあります。一方で、絵を見て占いのように診断するやり方に疑問を感じている方も少なくないように思います。

2）心理テストとしての描画

心理学の分野でも子どもの描画はテストとしてよく使われます。大きくは二つに分けられます。一つは知能テストや発達検査として使われます。本格的な知能テストや発達検査

に比べて簡単にできるので使われることがあります。もう一つは、子どもの性格や情緒面での心の問題を診断するテストです。一般には描画テストというとこちらのほうをイメージされる方が多いでしょう。この種の描画テストもいろいろなものがありますが、人物画テストがよく使われるものの一つです。子どもの描く人物画の特徴が、子どもの心の問題と結びつけて解釈されます。たとえば絵に手や腕が描かれないのは、子どもの無力感、非攻撃性、臆病さをあらわすなどといろいろに解釈されます。こうした解釈が妥当かどうか、多くの心理学者が検討していますが、こうした解釈にほとんど科学的な根拠が見いだせていません。

　ところが、多くの臨床心理学関係の本や研究では、描画が子どもの心の問題を診断し理解していくときの手段として使われています。この場合は、多くは個別の事例のなかで描画が診断的な役割を果たしていることがほとんどです。ある事例のなかでは、手や腕のない人物画は、自分に自信がなかったり、無力感をあらわすこともあると思います。しかし、実際にはそうでない場合も多いということです。子どもの絵の発達という視点から見ても、幼児期の子どもの絵に腕や手がかかれていないのは珍しいことではありません。こう考えれば、腕や手がないのは、何らかの心の問題の表れというよりは、単なる発達的特徴かもしれません。

　臨床心理学の分野で絵を診断的に利用するときに強調されるのは、決して絵だけで診断しないということです。他の心理テストや面接、行動観察など多様な記録を通して子どもの理解を深めていくなかで、絵もその一つの手段として使われます。絵の解釈は、科学的に客観化されたものというより、たぶんに臨床家の経験によることも多いようです。フランスの心理学者のフィリップ・ワロンの次の言葉が、この分野の現状を適切に表現していると思います。

　「絵に現れた徴候が一義的な意味を持つことは少なく、子どもをよく知るほど、その意味をはっきりと読みとれるようになる。子どもをよく知らない第三者が絵だけを見て解釈しようとしても、とりわけ計量的な観点から解釈しようとしても、それは無理であり、成果は得られないであろう」

3）保育の中での診断的な見方

　ここまでは、心理学の専門家による診断の話です。保育の現場でも、最初に紹介したお母さんの話のように、保育者が絵を診断的に見る場合が少なからずあります。例えば「ぬりつぶし」があります。子どもの絵に「ぬりつぶし」や「ぬり重ね」があるのは、何かよくない心の問題が子どもにある現れとされます。

ある保育園の2歳児クラスのことです。Aちゃんの絵にぬりつぶしが目立ってきました。ちょうど、この頃Aちゃんは友だちに手をつなごうと誘われたりすると「いや」と拒否して保育者のところに来たり、友だちとのトラブルで大泣きするなどが現れた時期でした。やはり、子どもの心の問題が絵にぬりつぶしという形で現れたと保育者はとらえました。それまでAちゃんの保育の中での姿を振り返り、友だちとの関わりで受け身的だったAちゃんが自分から友だちに主体的に関わっていこうとしている、それがうまくいかないためだと保育者は考えました。そこで、Aちゃんの遊びにほかの子たちを巻き込んでいったり、Aちゃんと他児の関わりを作っていきました。その取り組みの中で、友だちとのトラブルは減少し、Aちゃんの絵にぬりつぶしが消えていきました。
　こうした事例を通してぬりつぶしには、子どもの心の問題が現れると主張されます。たしかにこのような事例はあります。しかし、ぬりつぶしが必ず何らかの子どもの問題の現れかというと、そうでない場合も多いように思います。3歳児クラスでねずみばあさんが好きな子がいて、いろいろ描いたあと、上を黒のクレヨンでまっくろにぬりつぶす子がいました。保育者が子どもに聞いてみると「ねずみばあさん、夜なんで、カーテンしめて寝てるの」と答えました。黒くぬりつぶしたのは、夜の表現でした。このような例も少なくありません。したがって、ぬりつぶしのある絵だけをとりだして何らかの心の問題があると診断するのはとても危険です。先のAちゃんの事例でも、けっして絵だけで診断していません。保育者としてふだんの保育園の生活でのAちゃんのようすを把握したうえで、「ぬりつぶし」を意味づけていました。

保育の中での診断に積極的な意味はあるか

　絵には子どもの心のさまざまな面が現われますから、絵が子どものなんらかの心の問題と結びついていることもあります。しかし、絵だけの診断から、その問題を分析したり、問題を解決するための指針を得ることはほとんどありません。先のAちゃんの例でも保育者の取り組み方針は、絵での診断から出てきたものではありません。毎日、子どもたちといっしょに生活する保育者として、Aちゃんとの友だちとの関わりを振り返り、Aちゃんの理解を深めていくなかで出てきた方針でしょう。
　また、保育のなかで、絵の診断で指摘されることは、ごくおおざっぱで一般的なことが多いように思います。「野菜がきらいではないか」「遊びこめていないのでないか」「保育者が子どもを引っ張りすぎてる」「下に弟妹が生まれて、母親の気持ちが離れてさみしいのではないか」など。いずれも絵で診断する必要性があるのか疑問です。どれも子どもといっしょに生活している保育者ならば、絵に頼って診断するような問題ではないと思います。また、絵で診断してもそこから、問題をどう解決していくかの方向性が出てくるわけでもありません。子どもの問題は、生活や遊びのなかでの子どものようすを把握してこ

そ、解決の方向性も見えてくるのではないでしょうか。こう考えてくると、あえて保育者が子どもの絵を診断的に見ることに積極的な意味はありません。

人間の出てこない絵は問題？

　最初のお母さんの話に戻ってみましょう。これまで述べてきたことをもとに考えると、絵に人間が出てこないからといって、絵だけから何か子どもに問題があるかどうかは診断できないということです。絵だけでなく、このお子さんの保育園での生活や遊びをとおして、「絵に人間が出てこない」ことの意味を考えてみる必要性があります。そのうえで保育者として心配なことがあれば、子どもの生活や遊びの姿を通して具体的に伝えていくことが必要です。絵だけで、あいまいに問題を指摘してもお母さんの不安をかきたてるだけではないでしょうか。

　お母さんが書かれているように、人間の描き方がわからないのかもしれません。また、男の子の場合、人間に関心がないとかではなく、大好きな自動車や飛行機を描くのがもっぱら絵を描くときの一番の楽しみという時期もあります。

　絵は結果が作品として残るために、子どもの成長や問題を示すのに安易に使われる傾向があります。たしかに、絵と心の問題は関連があるのも事実です。しかし、繰り返しますが、実際の保育のなかで子どもの絵を診断的に見ることには、積極的な意味は見出せないように思います。

＜参考文献・図・作品の実践園＞
1
・吉田れい「心のつながりを育てる表現活動：絵を見せあう活動について」『日本保育学会大会発表論文集』1994年
・大橋美由紀「絵の具の指導　年長児」『名古屋保育問題研究』№23　2005年

　　図7－1　　大阪・羽曳野市立はびきの保育園4歳児クラス
　　図7－2　　名古屋・どんぐり保育園5歳児クラス
　　図7－3　　大阪・寝屋川市立ひなぎく保育所4歳児クラス
　　図7－4　　京都・洛陽保育園5歳児クラス
　　図7－5　　名古屋・のぎく保育園5歳児クラス
　　図7－6　　名古屋・名東保育園5歳児クラス
　　図7－7　　京都・公立保育園5歳児クラス
　　図7－8　　神奈川・幼稚園3歳児クラス

図7-9　保育園5歳児クラス
図7-10　保育園5歳児クラス
図7-11　名古屋・ほしざき保育園
図7-12　名古屋・けやきの木保育園5歳児クラス
図7-13　名古屋・ほしざき保育園5歳児クラス
図7-14　名古屋・ほしざき保育園5歳児クラス
図7-15　名古屋・ほしざき保育園5歳児クラス
図7-16　名古屋・ほしざき保育園5歳児クラス
図7-17　名古屋・ほしざき保育園5歳児クラス

2
・小西只則「ぼくお絵かき嫌いだもん」『名古屋保育問題研究』第23号
・糸川恵美「絵が描きたい！」京都保育問題研究会機関誌『保育びと』No.14　1999年
・平松知子「3歳児後半の描画指導・描きしぶりの時期の描画指導を考える」『季刊保育問題研究』No.170　1998年

図7-18　りょうた　名古屋・のぎく保育園3歳児クラス
図7-19　りょうた　名古屋・のぎく保育園3歳児クラス
図7-20　りょうた　名古屋・のぎく保育園5歳児クラス

3
・フィリップ・ワロン 著／加藤義信・井川真由美 訳『子どもの絵の心理学入門』白水社　2002年
・グリン・V.トーマス　アンジェル・M.J.シルク 著／中川作一監訳『子どもの描画心理学』法政大学出版局　1996年

第 8 章

描画遊び

　これまでとりあげてきた絵は、なんらかの形で「自己表現」と位置づけられるものです。自分の表現したい思いやイメージを意図的に表現しようとするものです。しかし、絵は「自己表現」がすべてではありません。歴史的に見ても絵がもっぱら自己表現として見られるようになったのは、近代的な自我意識が成立してからでしょう。

　こうした意図的な自己表現でない絵をここでは「描画遊び」と呼んでおきたいと思います。このような描画遊びにはさまざまなものがあります。この種の遊びには絵本作家で、同時に児童文化の研究者でもある加古里子さんの研究があります。ここでは加古さんの研究を引用しながら紹介していきたいと思います。

　まず、じゃんけん描きとか、絵描きじゃんけんと呼ばれる遊びがあります。図8－1は絵描きじゃんけんの一つの例です。じゃんけんで勝つと一筆ずつ描き加えることができます。先に花の絵を完成させたほうが勝ちという遊びです。図8－1では8回じゃんけんに勝つと絵が完成します。この他に10勝で完成する「おそなえがき」など多様なものがあります（図8－2）。また、逆に完成した絵から、じゃんけんで勝つたびに、線を消していき、先に完全に絵が消えたら勝ちというものもあります。図8－3の「へのへのけし」がその例です。

図8－1
絵かきじゃんけん
「8の花」

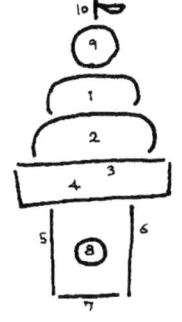

図8－2
絵かきじゃんけん
「おそなえがき」

図8-4
一筆がき「ホシ」
1、どんぶり
2、こっこ
3、ブークブク
4、おはちも
5、ブークブク

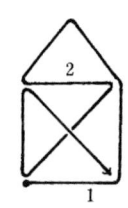

図8-5 一筆がき「タテモノ」
1、いっちゃ もっちゃ どん どん
2、いっちゃ もっちゃ どん どん

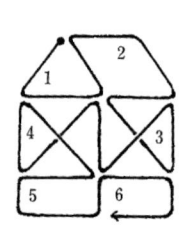

図8-6 一筆がき「タテモノ」
1、せんせいに
2、つれられて
3、修学旅行に
4、行ったとき
5、きれいなたてもの
6、ありました

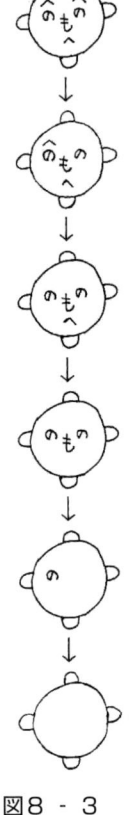

図8-3 へのへのけし

また、一筆書きもあります。複雑に線が入り組んだ図形をひと筆で一気にかきあげる遊びです。**図8-4**は、星形の一筆書きです。そのままでは、どう描いたらいいのかわからない複雑な図形も、決められた順番にリズミカルに描いていくとできあがる楽しさがあります。また、描き方は何通りもあるので、パズルを解くような楽しさもあります。**図8-5**は建物の一筆書きです。**図8-6**はそれを複雑にしたもので、歌いながら書いていきます。先生の引率で修学旅行という歌詞が何かとてもユーモラスに感じられます。中学生などが好んで描いていたもので、全国各地で見られたそうです。

また、これは、遠藤ケイさんが紹介しているのですが、鉛筆戦争というゲームもあります。いわば鉛筆を使った紙の上での陣取りです。それぞれの陣地から、鉛筆を立ててとばし、その軌跡が先に相手の陣地に着いたほうが勝ちとなります（**図8-7**）。筆者などの世代では、小学校の休み時間などにあそんだ記憶があります。

図8-7 鉛筆戦争

１）絵描き歌

描画遊びの代表的なものは何と言っても絵描き歌と呼ばれるものでしょう。加古さんは、全国各地の10万点以上の絵描き歌を収集して分析されています。絵描き歌でなく、絵描き遊びと呼ばれていますが、ここでは描画遊びと区別したいので、「絵描き歌」と呼ん

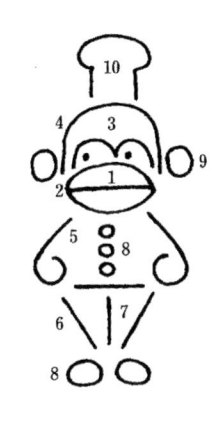

図8-8　コックさん

「1、棒が一本あったとさ
2、葉っぱかな　葉っぱじゃ　ないよ
3、かえるだよ　かえるじゃ　ないよ
4、あひるだよ
5、6月6日に
6、雨がザーザー降ってきて
7、三角定規にヒビいって
8、アンパン二つ　豆三つ
9、コッペパン　二つ下さい　な
10、アッという間に
　　かわいいコックさん」

図8-9　コックさん

で紹介していきたいと思います。

　絵描き歌も多種多様なものがありますが、そのなかの一つである「コックさん」をとりあげてその魅力を考えてみたいと思います。「コックさん」は、絵描き歌の本にもよく出てくるし、ＮＨＫの放送でとりあげられたこともあり、もっともポピュラーな絵描き歌の一つといえるでしょう（**図8-8**）。

　この魅力は、「棒が一本あったとさ」と一本線が引かれ、それを囲む楕円が描かれて、「葉っぱかな？」と問いかけられ、すぐに目の部分が付け加えられ、「葉っぱじゃないよ。かえるだよ」と展開し、さらに「かっぱ」も否定されてと、次々に形が変化していくプロセスにあります。眼の前に描かれた線が次々に意外なものに展開していくのが楽しいのです。加古さんは、これを弁証法の「否定の否定の法則」から「弁証法的絵描きあそび」と呼んでいます。さらに、後半部では、数字の6や雨、三角定規、豆、あんぱん、コッペパンとつながりがあるようなないような形で書き加えていくと、最初には予想もしなかったような「コックさん」ができあがる。このように次々と歌に合わせて描線を書き加えていくプロセスの変化、最後にできあがる予想外な結果が、この種の絵描き歌の楽しさです。

　絵描き歌で興味深いのは、全国各地で採集された同じ遊びのバリエーションの多様さです。この「コックさん」も、その絵や歌にさまざまな変形が見られます。図8-9では、コックさんの頭がカッパに変形したり、足が二本足になっています。この他にもたくさんの変種が見られます。

　文字を使った絵描き歌もさまざまなものがあります。図8-10は「へのへのもへじ」です。だれでも一度くらいは

図8-10　へのへのもへじ

第8章　描画遊び

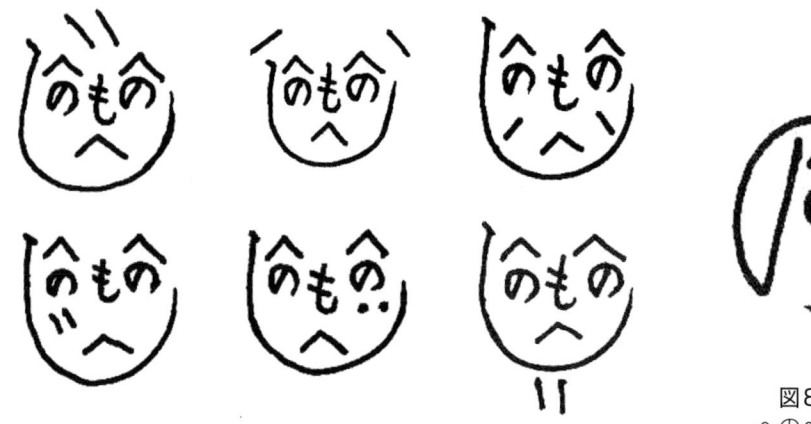

図8 - 10の②〜⑦　地域によって多様なへのへのもへじの姿

図8 - 11 へのへのもへの

　描いて遊んだことがあると思います。よく知っている簡単なひらがなを組み合わせると人の顔ができあがる意外性にそのおもしろさがあります。この「へのへのもへじ」にもこのように多様なバリエーションがあります。「じ」の点々の打ち方、位置によって顔の表情もそれぞれちがってくるところがおもしろいところです。意志の強そうな「へのへのもへじ」、なんだか人の良さそうな表情、ほくろがあったり、首が描かれていたり、多種多様な「へのへのもへじ」があります。（図8 - 10の②〜⑦）

　図8 - 10を「へのへのもへじ」系とすると、「へのへのもへの」系は、最後が「じ」でなく「の」で終わり、顔の輪郭になります（図8 - 11）。「へめへめ群」と名付けられたものもあります。「の」の字の代わりに文字通り「め」の字が目を表しています。「へめへめ群」は、何やら女の子の好むおメメパッチリの少女漫画の主人公を連想させるものがあります（図8 - 12）。加古さんによれば、この「へめへめ群」は、もっぱら女子生徒から収集されたそうです。また、他の絵描き歌との融合も見られます。図8 - 13は「タコ」の絵

図8 - 12　へめへめ群

図8 - 13 「タコ」との合体

描き歌と合体したものです。

　この「へのへのもへじ」で興味深いのは、その地域分布です。北海道、東北、関東では「へのへのもへじ」が圧倒的に多く、九州、中四国、関西では「へのへのもへの」が多く、中部地方は境界領域として、「へのへのもへじ」「へのへのもへの」の両方と、その変形が多く見られることです。古くからの東西の文化の違いが絵描き歌にもあらわれているのは興味深いところです。

　こうした絵かき歌の多様なバリエーションは、子どもから子どもへ、地域から地域へと遊びが伝承されていくプロセスで生まれてくるものです。それぞれの地域の文化や生活、子どもたちのより楽しくおもしろいものを追及する創意・くふうがこの豊かな多様性を生み出しているのだと思います。言い換えれば、絵描き歌は、他の遊びと同じように、無数の子どもたちが作りだし、伝承してきた遊び文化です。最近子どもたちが絵描き歌を遊んでいる姿を見かけることが少なくなりました。子どもたちにとって魅力のない遊びは、時代とともに忘れられていくものですが、この絵描き歌は今の子どもたちにとっても魅力のある遊びではないでしょうか。その伝承されてきた世界を、今の子どもたちが遊び心を発揮して楽しいものに作り上げていく可能性を十分にもった遊びです。

絵描き歌はよくない？

　絵描き歌は、一部の美術教育関係者から否定的に評価されることがあります。絵描き歌は、絵の描き方を教えることによって、子どもの絵を画一的にし、子どもの個性を否定し、創造性の発達によくないという意見があります。こうした見方が出てくるのは、絵はすべて意図的な自己表現だとする考え方が根強くあるからでしょう。

　この意見には、大きな誤解があるように思います。まず、絵描き歌は、絵の描けない子に描き方を教えるためのものではありません。先に述べたように、それは、リズミカルに歌を歌いながら、次々と描線が変化していく過程を楽しみ、結果としてできあがった絵の意外性を楽しむ遊びです。けっして絵の描き方を教えるものではありません。また、絵描き歌は創造性のないものではありません。すでにのべたように、絵描き歌はたくさんの子どもたちが、自分たちの生活感覚に基づいて、歌や描線をさまざまに変化させ、ときには他の絵描き歌と合体させたりしながら自分たちで作り上げてきたものです。そこには、無数の子どもたちの創造性、ユーモア、生きいきとした遊び心が集積されているのです。

2）迷路を描いて遊ぶ

　迷路は男の子たちに人気の遊びの一つです。市販の迷路の本もありますし、遊園地などの迷路やミラーハウス、北海道などの観光地には、夏にひまわり畑やとうもろこし畑に巨

大な迷路が出現したりします。

迷路の歴史

　この迷路、不思議な魅力をもっています。そのルーツをたどっていくと、紀元前数千年にまでさかのぼります。当時のヨーロッパの遺跡から迷路を刻んだ石などが発掘されています。迷路の中は死の世界、そこから出てくるのは「生まれかわる」ことです。冬になって植物が枯れ、春になるといっせいに芽吹き出す自然界の不思議が、このイメージと結びついていました。ギリシャ神話にも有名な「クレタの迷宮（迷路）」という話があります。クレタ王ミノスの指示で、クレタに迷宮が作られ、その中に半牛半人の怪物ミノタウルスを閉じ込めました。ミノタウルスには、毎年、アテネから7人の少年と少女たちが生贄（いけにえ）としてささげられていました。多くの勇者がこの怪物を退治しようと迷宮の中に入って行きましたが、みな道に迷って出てくることができませんでした。そこへテセウスという英雄が現われて、この怪物を退治しました。テセウスは王女アリアドネーに教えられ、赤い糸玉をもって迷宮に入り、帰りはその糸をたどって迷宮から出てくることができました。テセウスの勇気とアリアドネーの知恵で迷宮の怪物が退治された話です（図8-14）。

　中世ではキリスト教などの教会の内部に迷宮が作られていて、その迷宮を通って悪魔や怪物とたたかって初めて神様と会うことができました。現代でもさまざまな迷路作品があり、だまし絵でも有名なエッシャー（1896年〜1972年、オランダ人画家）などの絵に迷路のイメージが取り入れられています。

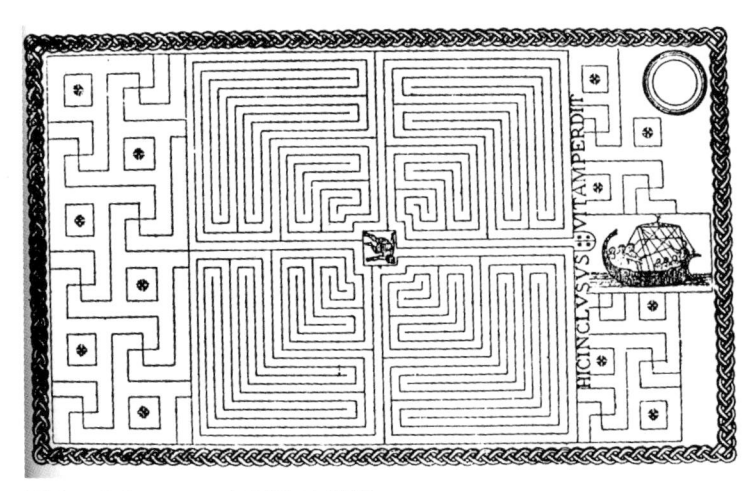

図8-14　ローマ人の描いた迷路
迷路の中心には半牛半人の怪物が死んでいて、右端に英雄テセウスが舟にのって出帆するところが見える。

迷路を描く楽しさ

迷路は複雑に入り組んでいて、中に入ると迷子になりそうで無事に通り抜けられるかという不安と、でも、その先に何があるのか確かめてみたいという期待が交錯するというような魅力があります。

子どもたちにとって迷路はなぜ楽しいのでしょうか。一つは入り組んだ複雑な迷路を作りだす楽しさです。5歳児クラスにもなるとかなり複雑な迷路を描きます（図8-15）。そして、描いたら友だちに挑戦させます。むずかしい複雑な迷路を描く子は、みんなの尊敬を集めます。

また、迷路の中で出会うさまざまなイメージを考える楽しさがあります。図8-16は5歳児クラスの子どもの描いた迷路です。進んでいくと蛇や怪物に呑み込まれたり、鍵がないと開かないドアーなど危険がいっぱいです。

迷路の中はスリルや危険ばかりではありません。迷路の中にはきれいなものや楽しいものもあります。図8-17は5歳児クラスの女の子が描いた迷路です。カラフルな色づかいでおいしいお菓子や果物、すてきなネックレスや髪飾り、お花で迷路の中はいっぱいです。

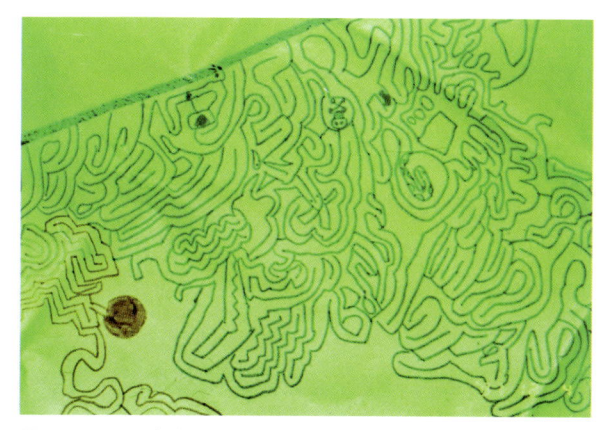

図8-15　複雑に入り組んだ迷路
　　　　旭川・たんぽぽ保育園5歳児クラス

図8-16　迷路　　旭川・たんぽぽ保育園5歳児クラス

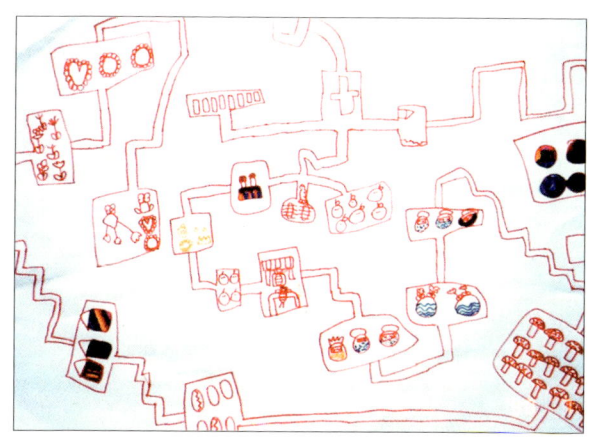

図8-17　迷路　　旭川・たんぽぽ保育園5歳児クラス

第8章　描画遊び

大きな紙に迷路を描いてあそぶ

　こんな魅力的な楽しさを持つ迷路。5歳児クラスで大きな紙に迷路を描いてあそんだ実践を紹介しましょう。ふだんから男の子を中心に迷路を描いてあそんでいました。生活発表会でエジプトのピラミッドを舞台にした『ぞくぞく村のミイラのラムさん』（末吉暁子　あかね書房刊）というユーモラスなお話に劇で取り組んだ子どもたち。ピラミッドと迷路のイメージが重なって、ピラミッド迷路を描く子が出てきました。4〜5名のグループに分かれて、それぞれ模造紙を2枚つなげた紙にピラミッド迷路を描きました。

　最初に保育者が、紙の上半分に大きなピラミッドを描き、下半分に描いたピラミッドの地下に、子どもたち一人ひとり用の秘密の宝物の隠し場所を作りました（**図8-18**）。子どもたちは、ちょうどクリスマスが近かったので欲しいオモチャや好きなものをそこに描きこんでいきます（**図8-19**）。そこで保育者が、「ピラミッドの入り口から宝物や欲しいもののところへ迷路を描いて探険しよう。途中には泥棒とかがたくさん待ち伏せしてるか

図8-18　ピラミッドの迷路
旭川・たんぽぽ保育園5歳児クラス

図8-19　旭川・たんぽぽ保育園5歳児クラス
ピラミッドの地下にある宝物。「イチニッ
トサン（編み機のおもちゃ）」「木琴」な
ど、クリスマスのほしいプレゼントを描
き込んでいる。

もしれないから気をつけてね」と話し、いざピラミッド迷路の探険に出発。

迷路のイメージを楽しむ

迷路の途中には危険がいっぱい。子どもたちは、友だちと楽しくしゃべりながらどんどん描きこんでいきます。図8－20は落とし穴です。迷路の中の落とし穴に落ちると、その中にまた落とし穴が二重にあり、サメのいる池に落ちていきます。池には「さめにちゅうい（注意）」の看板があります。「がいこつやカッパ」のいる池、毒蛇のいる部屋などさまざまなイメージが描きこまれていきます。図8－21はピラミッドからの連想で「さばく（砂漠）」です。海を船で渡ると砂漠が広がっています。「でも、嵐だから出発できないの」と、先に進めません。

図8－20　落とし穴　（穴の下にはサメの池）
旭川・たんぽぽ保育園5歳児クラス

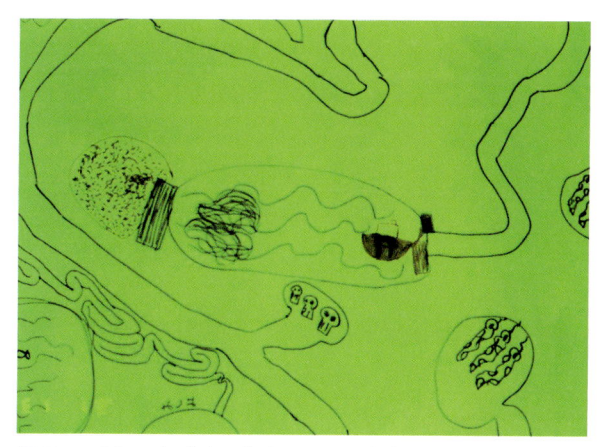

図8－21　さばく　旭川・たんぽぽ保育園5歳児クラス

失敗も笑ってしまう

こんな楽しい雰囲気の中で描いていると失敗も気になりません。ヨシミが蛇を描いていたら太っちょの蛇になってしまいました。ヨシミ「なんだ、これ頭でっかち」と笑っていると、それを見てとなりのサチが「何これ」「これじゃあ赤ちゃんみたいでしょう」「あんた何やってんのさ」と笑いながら言い、二人でおかしくてしょうがないと大声で笑いあっていました。迷路の中は変なもの、怪しいものがいっぱいの世界。へびが太っちょでもまったくかまわないのです（図8－22）。

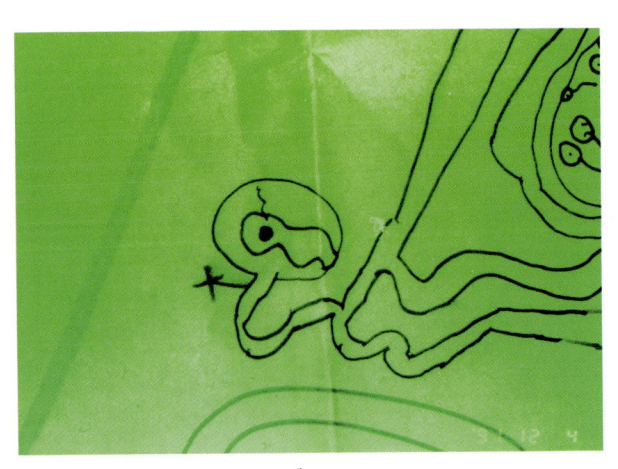

図8-22　太っちょのヘビ
　　　　旭川・たんぽぽ保育園5歳児クラス

コピーロボットで探険

　ピラミッドの入り口から宝物まで迷路ができあがったら、それぞれ画用紙を小さく切って、自分を描いたコピーロボットを作り、いざ探険に出発。サチ、ユウコ、ヨシミの3人の女の子たちは、「おっかいから（怖いから）、いっしょに行こう」と、3人いっしょに出発しました。迷路の道を「トコトコ、トコトコ……」とコピーロボットを動かしながら進んでいきます。サチの描いた砂漠（図8-21）をユウコが渡ろうとしたとき、サチが「嵐なんだよ！」と言うと、ユウコは「ギャー、嵐！」と渡るのをやめました。タカシの描いた宝物の果物のところにやってくると、「リンゴ」「メロン」「バナナ」を「パクパク」と食べるまね。ヨシミの宝物の「木琴」（これがクリスマスで欲しいプレゼント）のところに来ると、「木琴」の上でコピーロボットを動かしながら3人で楽しそうに「木琴」をたたいて歌を歌っていました。その後、できあがった迷路をクラスの壁に貼っておくと、何度も迷路をたどってあそぶ姿が見られました。

迷路のもつ不思議な力

　こうした大きい紙に迷路を描いて遊ぶのはピラミッドだけでなく、いろいろなテーマで5歳児クラスの後半に遊び込まれていきました。子どもたちの大好きな『エルマーの冒険』（ルース・ガネット作　福音館書店刊）のお話のイメージを迷路にとりこんで遊ぶこともありました。また、子どもたちが、いつも楽しんでいる遊びの「スケート」や「スキー」、「ままごと」などをそれぞれに描いて迷路でつないで遊ぶ姿も見られました。一見するとバラバラなイメージの世界が迷路でつながれると、お互いにイメージが重なりあい、子どもたちが共通に楽しめる世界がつくり出されていきます。どんなに異質なものでも飲みこんで、一つのイメージの世界をつくりだしてしまう、迷路には不思議な力と魅力があるようです。

3）ぬり絵

ぬり絵ブーム

　最近、ぬり絵が再び注目されつつあるといわれています。ぬり絵と言えば、昭和30年代（1955年～65年）に子ども時代をすごした筆者の世代には、とてもなつかしいものです。駄菓子屋などで売られていた、4等身のおメメがパッチリのかわいい女の子の絵、妹や近所の女の子が色をぬって遊んでいたのを思い出します。絵の端には「きいち」や「フジヲ」という文字が書かれていました（図8－23）。当時はなんのことかわかりませんでしたが、最近、金子マサ・山本紀久雄氏の『ぬりえ文化』（小学館スクウェア刊）を読んで、「きいち」は当時人気ぬりえ作家蔦谷喜一氏のことで、「フジヲ」は喜一氏の別名で、夏目漱石の「虞美人草」に出てくる「藤尾」からとった名前であることを知りました。

図8－23　きいちのぬりえ

　金子マサ氏は、喜一の姪御さんであり、東京にぬり絵美術館を開設された方です。ぬり絵美術館には、蔦谷喜一氏のぬり絵や他の日本の作家や、ヨーロッパやアジアなどの世界のぬり絵が展示されています。金子さんによれば、来館者の60％は40代50代の女性、子どものころにきいちのぬり絵で遊んでいた世代で、「ぬり絵体験コーナー」では、「ぬり絵をしたのは何十年ぶりかしら」と嬉々として楽しんでいる姿があるそうです。注目すべきは、20代から30代の女性も来館者の30％を占めることです。単なる子ども時代の遊びへの懐かしさだけでなく、若い世代にもぬり絵の魅力が再評価されつつあるのでしょうか。

　また、大人のぬり絵もブームになりました。書店に行くと大人向けのぬり絵の本が並べられています。こちらは、高齢化社会を反映してか、ぬり絵は脳を活性化し、老化を防ぐのに効果があるということで人気を呼んでいるようです。「東海道五十三次シリーズ」、「竹久夢二シリーズ」、ゴッホなどの名画をぬり絵にしたものなど、たくさんのものが販売されています。油性色鉛筆や水彩色鉛筆を使った本格的な仕上がりのものもあります。

　このぬり絵、保育園や幼稚園でもときどき子どもたちが楽しんでいるのを見かけます。朝の登園時間、夕方の延長保育の時間などに取り組まれていることが多いようです。保育者の手がたりなくて、子どもたちに目が行き届かない時間帯、とりあえずはおとなしく子

どもたちがあそんでいてくれるということのようです。この辺の事情はヨーロッパなどでも同じようです。先の金子氏によれば、フランスでは子ども連れの旅行で、ぬり絵は必需品の一つとされているそうです。狭い列車内などで、他の乗客に迷惑がかからないように、子どもがうるさいときはぬり絵を与えておくと静かになるからだそうです。ぬり絵はすき間を埋めるような遊びですが、逆に考えると、それだけ子どもを引き付ける魅力をもった遊びのように思います。

ぬり絵への批判

　保育の中では、当たり前のように見かけるぬり絵。ところが、保育実践の記録や検討では表立って取り上げられることはほとんどありません。なぜでしょうか。その大きな理由の一つは、美術教育の分野ではぬり絵に対する批判が相当強くあることが考えられます。保育者のみなさんも、学生のころに、図画工作や造形表現の授業で「ぬり絵はいけない」と指導された方も多いのではないでしょうか。

　なぜぬり絵はいけないと批判されるのでしょうか。美術教育の大家である、ローウェンフェルドの批判を検討してみましょう。彼は算数のワークブックにあるぬり絵を例にとりあげています。数の概念を教えるために、小鳥が7羽描いてあり、「7羽の鳥に色をぬりましょう」と指示が書かれています。小鳥のぬり絵に色をぬることを通して、数の概念を教えていく教材です。同じ形に印刷された小鳥の絵に繰り返し色をぬっていく作業です。ローウェンフェルドは、こんなぬり絵では、小鳥に対する子どもの経験や思いが表現されず、単なる形の模倣で機械的に色をぬっているにすぎないと批判しています。彼の批判の要点は、ぬり絵は自己表現でないという点にあるようです。

　こうしたワークブックのぬり絵は現在の日本でも使われていますが、もともと数の学習教材で、自己表現を目的として子どもに与えられたものではないでしょう。ぬり絵が幼児の数の学習教材として適切かどうかという点はありますが、こういう教材が自己表現でないと批判するのは適当でないようにも思います。ほかにも博物館などで展示物をぬり絵にしたものなどがあります。水族館などで魚のぬり絵が置いてあるのを見たことがあります。この場合も科学教育の一環として、展示物への認識を深めていく学習としてぬり絵が位置付けられています。自己表現を目的としないぬり絵も数多くあるのではないでしょうか。

ぬり絵の魅力

　いずれにしてもぬり絵は子どもたちにとって魅力的な存在です。その魅力、楽しさはどこにあるのでしょうか。金子さんが紹介している、漫画家の竹宮恵子さんの文章が、ぬり絵の魅力を余すところなく伝えているように思います。

　「5円、10円と硬貨をにぎりしめて、私は友人の小さな店（駄菓子屋）に走った。妹と

ともにぬりえを買うために。薄茶色の粗末なひと束の紙の中に、幾人かの少女たちがほほ笑んでいた。はっきりとは覚えていないが、それらがきいちのぬりえであった気がする。お出かけ着やゆかた姿の彼女たちをいかに華麗にいろどるか、妹と競争で配色に苦心したものである。出来あがった作品（！？）を持ちよって、お互いの色のセンスをけなしあい、今度はもっと美しく、と新しいぬり絵の束を買いに店に走ったものである。

クレヨンで色を塗ることを私はいつのまにか卒業していた。限られた種類の色鉛筆で、紙の上の少女たちに、変化に富んだドレスを着せなければならない。二つの色を重ねる、外側を濃く内側を薄くぼかして、立体感をつける、ほほの赤味の上手なぬり方等々、小さな発見を重ねつつ、自信の迷作を次々と完成させていった」

戦後、満足な紙や画材がない中で、少女たちが配色やぬり方のくふうであこがれの美しい世界を作り出していくのが、その魅力でした。その楽しさの基本は今も変わらないのではないでしょうか。

ファッションコーディネーターになろう！

中学校の美術の授業でぬり絵に取り組んだのは、堀江晴美さんです。中学生たちに配色感覚を育てていくためにぬり絵をとりあげました。ぬり絵ならデッサン力に関係なく色の組み合わせの楽しさを追求できるというわけです。ファッションに興味を持ち始める年代なので、テーマは「ファッションコーディネーターになろう」。カーディガンとスカート、ブルゾンとパンツなどの５種類の組み合わせの原画（色のないスタイル画）を用意します。子どもたちは、配色カードで色を選び、ポスターカラーで色をつくりぬっていきます。

この授業は大反響だったようです。「今日はファッションをやります」と話したところ、子どもたちの目が輝き、どのクラスでも女の子だけでなく男の子も含めて大騒ぎに。生徒たちは、「自分がお出かけするときにはこんな感じのを着てみたい」「ふだんはできないけど、勇気を出してあこがれのコーディネートにしてみたい」と、それぞれの思いで取り組みました。ぬり終えた後に、生徒たちの作品を張り出すと、黒山の人だかりとなり、口ぐちに「あれがいい」「これがいい」「私だったらこうする」「これおもしろいね」など、ワイワイガヤガヤにぎやかだったといいます。（図８－24）

図８－24　中学生たちの「ぬり絵」

第8章　描画遊び

中学生たちの熱中が伝わってくる楽しいぬり絵の授業です。先にローウェンフェルドが、ぬり絵は自己表現でないと批判していることを紹介しました。しかし、この堀江晴美さんの実践では、ぬり絵は生徒たちにとって立派な自己表現として追及されているのではないでしょうか。

　これは中学生を対象にした実践で保育実践ではありません。でも、配色の楽しさの追求という点では、図式期に入った幼児クラスの子どもたちには共通の楽しさの追求があるように思います。女の子のお姫様の絵にも共通した楽しさがあります。保育園や幼稚園でも、もっとぬり絵の楽しさの追求があってよいと思います。一般的に、子どもたちに与えられているぬり絵は、アニメのキャラクターものが圧倒的に多いように思います。私は、アニメのキャラクターを使うこと自体が悪いとは思いません。しかし、現実にはキャラクターの人気に寄りかかった安易に作られたぬり絵が多いように思います。昭和30年代のきいちのように、ていねいに作られたオリジナルなぬり絵がもっとあってもいいのではないでしょうか。

＜参考文献・図（作品）実践園＞
1）
・加古里子『伝承遊び考1巻―絵かき遊び考』小峰書店　2006年
・加古里子『伝承遊び考4巻―じゃんけん遊び考』小峰書店　2008年
・遠藤ケイ『こども遊び大全』新宿書房　2001年

　　図8-1　絵かきじゃん　「8の花」
　　図8-2　絵かきじゃん　「おそなえがき」
　　図8-3　へのへのけし
　　　以上図8-1～3の出典は、
　　　加古里子『伝承遊び考4―じゃんけん遊び考』小峰書店　2008年
　　図8-4　一筆がき　「ホシ」
　　図8-5　一筆がき　「タテモノ」
　　図8-6　一筆がき　「タテモノ」
　　　以上、図4～図6の出典は、
　　　加古里子『伝承遊び考1巻―絵かき遊び考』小峰書店　2006年
　　図8-7　鉛筆戦争
　　　　出典：遠藤ケイ『こども遊び大全』新宿書房　2001年　95ページ
　　図8-8　コックさん
　　図8-9　コックさん

図8-10　へのへのもへじ
　　図8-11　へのへのもへの
　　図8-12　へめへめ群
　　図8-13　「タコ」との合体
　　　以上、図8-8〜13についても、
　　　出典：加古里子『伝承遊び考1巻―絵かき遊び考』小峰書店　2006年

2）
・種村季弘 文／川原田徹ほか絵「迷宮へどうぞ」『月刊たくさんのふしぎ』福音館　1989年1月号
・ジャネット・ボード 著／武井曜子 訳『世界の迷路と迷宮』佑学社　1977年
・坂根厳夫『遊びの博物誌』朝日新聞社　1977年
・田中義和『描くあそびを楽しむ』ひとなる書房　1997年

　　図8-14　ローマ人の描いた迷路
　　図8-15　旭川・たんぽぽ保育園5歳児クラス
　　図8-16　旭川・たんぽぽ保育園5歳児クラス
　　図8-17　旭川・たんぽぽ保育園5歳児クラス
　　図8-18　旭川・たんぽぽ保育園5歳児クラス
　　図8-19　旭川・たんぽぽ保育園5歳児クラス
　　図8-20　旭川・たんぽぽ保育園5歳児クラス
　　図8-21　旭川・たんぽぽ保育園5歳児クラス
　　図8-22　旭川・たんぽぽ保育園5歳児クラス

3）
・金子マサ・山本紀久雄『ぬりえ文化』小学館スクウェア　2005年
・V・ローウェンフェルド『美術による人間形成』黎明書房　1995年
・堀江晴美「ぬり絵の復権を！」『たのしい授業 No.52』仮説社　1987年6月号

　　図8-23　きいちのぬりえ
　　　出典：蔦谷喜一『THEきいちのぬりえBOOK』小学館　1998年
　　図8-24　中学生たちの「ぬり絵」
　　　出典：堀江晴美「ぬり絵の復権を！」『たのしい授業 No.52』仮説社　1987年6月号　47ページ

第9章

障害をもつ子どもたちの描画

1）サヴァン症候群の子どもたちの描画

　障害をもつ子どもたちの描画でよく話題になるのが広汎性発達障害（自閉症やアスペルガー症候群等）の子どもたちの描く絵です。広汎性発達障害の一部の人たちには、全体的な知的な発達では遅れているものの、特定の領域で特別な能力を示す人たちがいます。たとえばカレンダーボーイと呼ばれる子どもたちがいます。「2025年11月10日の曜日は？」と聞くと即座に正しく曜日を答えることができます。電話帳や時刻表など数字や文字を記憶するのにすぐれている子どもたちもいます。「レインマン」という映画があります。ダスティン・ホフマンが演じる主人公の自閉症の人が、初めて旅行で行った町のレストランで、ウェイトレスのネームプレートを見て、すぐにその女性の電話番号を言い当てて、周囲のみんなを驚かせる場面がありました。前の晩にホテルで主人公のレイモンドは、その土地の電話帳を見て、その女性の名前と電話番号を記憶していたのでした。

　こうした一芸に秀でた人たちをサヴァン症候群と呼ぶことがあります。音楽や美術に特別な能力を発揮する子どもたちもいます。図9-1はイギリスの自閉症の女児ナディアが4歳の時に描いた絵です。この絵は幼児期に描

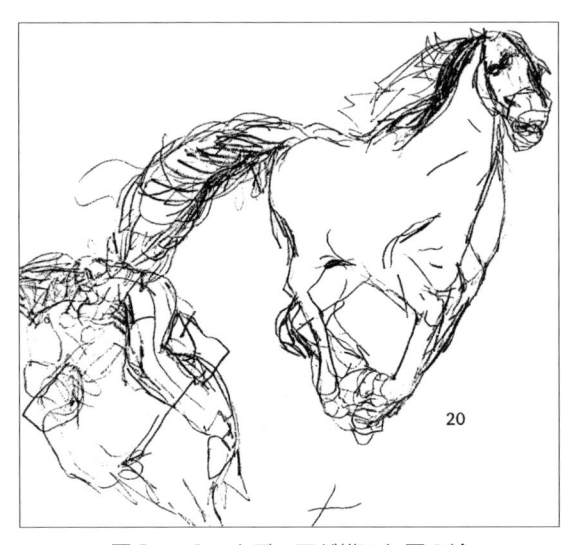

図9-1　ナディアが描いた馬の絵

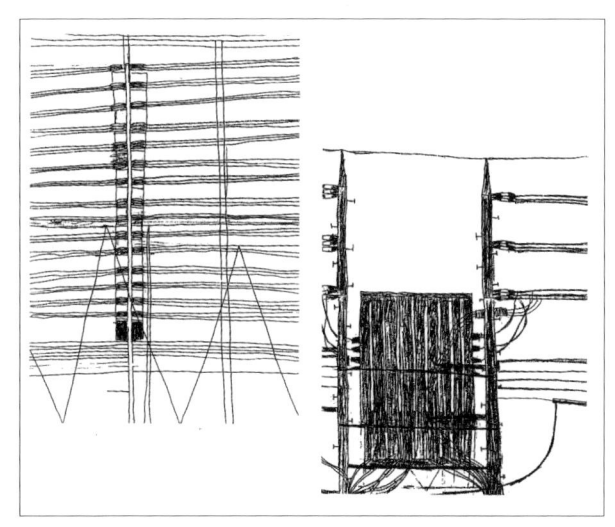

かれていますが、そのころの彼女は、言葉は単語がいくつかしゃべれるだけで、衣服の着脱も自分ですることができない、重い発達の遅れを示していた子どもでした。それが、絵ではこのようにリアルな絵を描くのです。なぜこんなにリアルな絵をかけるのか、ほんとうに不思議ですが、一つには直観像が関係しているといわれています。直観像とは、目で見たものを記憶して、後でリアルに再現で

図9-2　どこまでも続く電線　中村信夫（13歳）

きる能力をいいます。目の前で見た光景をカメラで写したようにありありと思い浮かべる能力です。こうしたリアルな絵を描く子どもたちは直観像の持ち主で、以前見た光景やモデルとなる絵や写真を記憶していて、それをもとに絵を描くのではないかと考えられています。

　これらの子どもたちの描く絵の大きな特徴は、描く対象が限定されていることです。これはこの子どもたちの固執性のあらわれでもあります。特定の対象を繰り返し描画します。自閉症の人たちの絵を集めた画集も出版されています（『風の散歩―小さな芸術家たち』寺山千代子監修　コレール社刊）。この中からいくつか作品を紹介してみましょう。図9-2は電線の絵を描き続けていた中村信夫さんの絵です。中村さんは、帰宅して毎日自分の部屋で電線を描き続けています。私たちの周囲にこのような電線は、ありふれた日常的な存在です。しかし、こんなふうに電線をこまかく観察することがあるでしょうか。電線をもの自体として観察して表現した絵には、独特のリズム、線や形そのものの美しさが感じられるように思います。文字やマーク類に興味を持つ例もあります。図9-3は、松野弘次さんの消火器

図9-3　消火器　松野弘次（10歳）

第9章　障害をもつ子どもたちの描画　　145

の絵ですが、最初に文字やマークのところから描き始められて、全体の形が描かれています。通常とはちがう描き順です。この消火器も独特の存在感をもって表現されているように思います。こうした絵の持つ独特な美の世界が、「アウトサイダーアート」として注目されることもあります。アウトサイダーアートとは、正統的な美術教育を受けていない人の作品をさします。一般の職業的な美術家の作品にはない「美の世界」が注目され、スイスには専門の美術館もつくられ、日本の障害を持つ人たちの作品も収蔵されているといいます。単に障害を持つ人のこだわりの表れとして消極的にみるのでなく、そこにある世界を積極的に受けとめていく見方は大切だと思います。

2）電車の大好きなY君の絵

　保育の中でもこうした子どもたちの絵にどう向き合っていくかが問題になります。名古屋・けやきの木保育園の4歳児クラスのYくんの事例を紹介したいと思います。Yくんはアスペルガー症候群の男児です。4歳児クラスに進級し、担任もクラスの部屋も変わる新しい環境に、なかなか集団参加ができない姿がありました。夏休みが終わったころから少しずつ変化があり、運動会にもみんなといっしょに競技に参加できました。このころから「かいて、かいて」が多かったY君が自分からどんどん描きはじめるようになりました。大好きな電車から始まり、線路や駅も描くようになってきました。図9－4はそんな中の

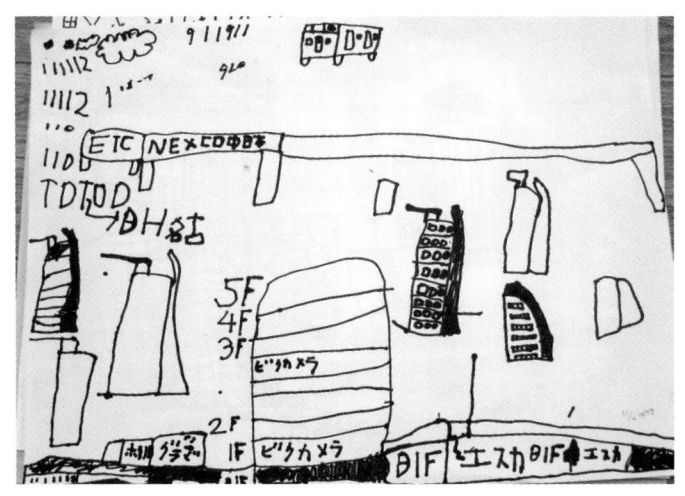

図9－4　Y　名古屋・けやきの木保育園4歳児クラス
名古屋駅周辺のビルが描かれている。駅の地下街「エスカ」の文字も見える。上には電車が描かれている。

1枚です。ＪＲ名古屋駅から見える駅前のビル、地下街や上の方には電車も描かれています。同年齢の子どもたちの表現は、もっと平面的ですが、Ｙくんの表現は立体的でリアルに再現されています。

記念すべき名古屋駅ビルの絵

そんなＹくんが11月のある日、名古屋駅の高層ビルを描きました。なんとなく納得がいかない様子に担任の川元麻由美先生が「もっと上手に描きたかった？」と聞くと、うなずくＹくん。それではと、いっしょに園庭に出てビルを見て描こうとなりました。保育園は名古屋駅の近くにあり、駅近くにある高層ビルがよく見える位置にあります。しかし、Ｙくんは「かけない」と声をだし「先生かいて」。いつもだったらすぐに「先生かいて」になるのに、すぐに言い出さないＹ君に、描きたい気持ちがふくらんできているのを感じて、保育者と合作でビルを描きました（図9-5）。保育園から見える名古屋駅前のビル、手前に新幹線を描きました。すると新しいことが苦手で絵の具をぬるのをいやがっていたＹくんが自分から絵の具でぬりました。できあがった絵を部屋に貼っておくと、おむかえに来たお母さんたちにとってもほめられました。このことが自信になり、あれだけ園庭に出たがらなかったＹくんが、砂場で名古屋駅づくりや高速道路づくりを始めるようになりました。

図9-5　Ｙ　名古屋・けやきの木保育園4歳児クラス
保育園から見える名古屋駅周辺のビル
保育者とＹとで描く。

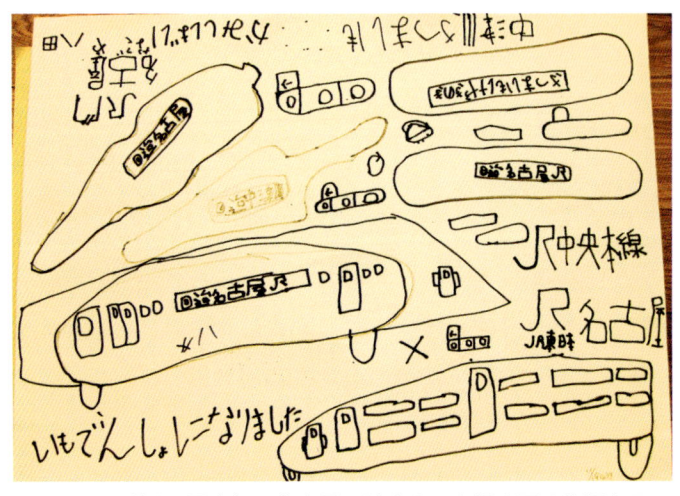

図9-6 「イモ電車」　名古屋・けやきの木保育園4歳児クラス

イモが電車に

　その後、イモ掘り遠足に行った後におイモの観察画に取り組みました。スラスラとイモを描きはじめYくんですが、描いているうちにイモがいつもの電車の形になり、「イモでんしょ（イモでんしゃ）になりました」。いつもの新幹線や名古屋の文字も描きこまれました（**図9-6**）。その絵を見たクラスの子は「Yくんのイモの絵おもしろい！」「Yくんが好きな電車になっとるよ〜！」と大ウケでした。Yくんはほめられたのがうれしくて、

図9-7　生活発表会　名古屋・けやきの木保育園4歳児クラス

図9－8　年長さんになってがんばりたいこと
名古屋・けやきの木保育園5歳児クラス

「イモ電車おもしろい」とこの日は終始ごきげんでした。

　この頃には絵だけでなく、言葉でも自分の気持ちを表現できるようになり、やがて駅や電車だけでなく、友だちとの楽しい経験なども絵で表現できるように広がっていきました。図9－7は、生活発表会の劇に参加したときのYくんの絵です。図9－8は年長組になり、「年長組になってがんばりたいこと」をみんなで描いたときのYくんの1枚です。4歳児クラスのときには恥ずかしかったけど、年長さんでは運動会で走るのをがんばると絵に描いています。

Yくんへの取り組みから学べること

　文字や数字、形へのこだわりを持った絵を前にして、保育者ならだれでも、保育園の生活のなかで友だちと遊んで楽しかったことなどを絵で表現してほしいという願いを持つでしょう。そして、どちらかというと、こだわりの現われた絵を早く消えてほしいと否定的に見ることが多いように思います。しかし、Yくんへの取り組みでは、電車の形へのこだわりを、Yくんの表現として大切に受けとめているところがすてきです。この思いを受けとめるなかで、Yくんの絵を通して周囲の大人や子どもたちとの関わりが広がっていきます。イモが電車になってしまっても、「へんな絵」とはならないで、「おもしろい」と受けとめてくれるクラスの仲間たちの存在もすてきです。もちろん絵だけでYくんが変わっていったのではありませんが、絵を通してのコミュニケーションが、Yくんが変わっていくきっかけの一つになっているのです。

＜参考文献・図（作品）実践園及び出典＞
・Lorna Selfe "NADIA a case of extraordinary drawing ability in an autistic child"Academic Press
・服部正『アウトサイダー・アート』光文社新書　2003年
・川元麻由美「絵から心の表現活動へ」『季刊保育問題研究』№236　新読書社　2009年

図9－1　ナディアが描いた馬の絵
図9－2　どこまでも続く電線　中村信夫（13歳）さん作
　出典：寺山千代子監修『風の散歩―小さな芸術家たち』コレール社　1999年　29ページ
図9－3　消火器　松野弘次（10歳）さん作
　出典：寺山千代子監修『風の散歩―小さな芸術家たち』コレール社　1999年　27ページ
図9－4　Y　名古屋・けやきの木保育園4歳児クラス
図9－5　Y　名古屋・けやきの木保育園4歳児クラス
図9－6　Y　名古屋・けやきの木保育園4歳児クラス
図9－7　Y　名古屋・けやきの木保育園4歳児クラス
図9－8　Y　名古屋・けやきの木保育園5歳児クラス

第 10 章

描く楽しさを子どもたちに

　子どもたちが「楽しく造形・表現活動に取り組めるように」、「絵を描き、表現することの楽しさを子どもたちに伝えたい」、「保育者自身が描くことを楽しむことが大切」など、いろいろな形で「楽しさ」が強調されているように思います。

　「楽しさ」が強調されるのは、逆に保育の現場で描いたり、作ったりする活動があまり楽しく取り組まれていない現実があるということでしょうか。ある地域の保育園では、いっさい作品展をやらないという話を聞いてびっくりしたことがありました。毎年、秋になるといろいろな保育園を訪問して、作品展を見て歩くのを楽しみにしています。そこで子どもたちのすてきな表現に出会えるのは、ほんとに楽しいものなのですが。この地域では、「描ける子」「描けない子」の差がでて、好ましくないという考えのようでした。この背景には、なんでも競争にしてしまい、子どもの絵の世界にも勝ち組、負け組をつくりだすような、昨今の風潮があるように思います。そこには子どもの絵の世界を楽しむゆとりはありません。

　表現することの楽しさが強調されるのは、今に始まったことではありません。ある意味では当たり前のことかもしれません。でも、今、このことの意味を改めて考えてみることが必要になってきていると思います。

1）絵の指導をどう考えるか

　まずは指導の問題を考えるときに「楽しさ」は、重要な視点になると思います。描画を中心とした造形表現の保育では、つねに指導の問題が大きな論点になってきました。先日も、私の勤務校の授業で、学生に「子どもの絵に指導は必要か？」という質問を出してみると、多くの学生の答えは否定的でした。その理由を聞くと、「絵は自由にのびのびと描

くのがいい。指導なんて……」「一人ひとりの思いや感じ方が個性的に表現されればそれでいい」というのが多くの答えです。なかには「指導」は、いやがる子どもに強制的に何かをさせることと思いこんでいる学生もいます。高校までの学校教育の中で「指導」という言葉が否定的なイメージを作り出してきているようです。「指導」を強制と混同している保育者は少ないと思いますが、子どもの絵については、「指導は好ましくない」、あるいは「指導はしても最小限にとどめるべきだ」という消極的な意見は、学生同様に多いのではないでしょうか。

　子どもの絵の指導というと、まず、イメージされるのは技術的なことの指導のように思います。絵の描き方や画材の使い方（筆の持ち方・使い方、色の作り方など）などでしょう。画材の使い方の指導を否定する方はあまりいないと思います。筆の持ち方や、水彩絵の具の使い方などは、どこかできちんと指導されなくてはならないでしょう。問題となるのは描き方の指導です。毎年、実習から帰ってきた学生たちが、実習園での絵画指導への疑問を話してくれます。ある園では、画面が暗くなるからと寒色系の色は子どもにいっさい使わせない。また、ある園では作品展に展示するために、あとで子どもの絵に直接保育者が手を加えて描き直していたりします。絵は結果が作品として残るだけに、大人から見た見栄えの良さを追及して、このような描き方の「指導」がなされている実態がまだまだあります。

2）描く楽しさを子どもたちに伝える指導

　子どもの絵の指導では、技術的な面での指導も必要ですが、乳幼児期は何よりも絵を描いたり、表現することの楽しさを伝えていく指導が重要だと思います。子どもたちには、絵で表現するのが好きな子と、絵に向かっていけない苦手な子がいます。絵で表現するのが好きな子は、絵を描く楽しさを知っている子どもたちです。私たちが意欲的に絵で表現する子どもたちに育てていくには、何よりも絵で表現することの楽しさを子どもたちに伝えていくことが大切です。ここに乳幼児期の指導の中心的な課題があるように思います。このようにとらえ直すと、絵の指導に対する反対意見やアレルギーは、ずいぶんと解消されるのではないでしょうか。

　さらに、楽しさに注目することによって新たな視点が開けてくるように思います。絵を描いたり、表現したりすることの楽しさはどこにあるのか、それをどう子どもたちに伝えていくか、という視点から指導をとらえなおしていくことができると思います。

子どもが夢中になることの意味

　しかしながら、絵を描く楽しさを強調すると、楽しいことは大切だけど、子どもたちに

絵を描く活動をとおして育てていく「ねらい」はどう位置づくのだろうか、楽しいだけでいいのだろうかという疑問も出されてくると思います。私たちは、絵を描き表現する活動を通して、子どもたちに伝えあいや広い意味での認識や豊かな感性を育てることを目指してきています。こうしたねらいと楽しさの追求との関わりをどう理解したらよいのでしょう。結論的に言えば、思いっきり楽しい活動の中でこそ、伝えあいを育てるなどのねらいが達成できるのではないでしょうか。

　名古屋・のぎく保育園2歳児クラス、島田さん、川元さんの実践がそのことをわかりやすく教えてくれます。2歳児クラスで、生活のなかでの楽しかったことを大きな紙に描いたり、制作につなげたり、1年間取り組んできました。たとえば、大きな紙にあらかじめ白のクレパスで魚や海の生き物をたくさん描いておきます。そこでグループに分かれて、「みんなも海をつくろう」と、タンポにたっぷりと青の絵の具を含ませて「ザブーン、ザブーン」とぬり、広げていくと、白で描いた魚やタコ、クラゲ、ヒトデ、ウニや昆布などが次々と現れてきます。子どもたちもすごくびっくりして「あーお魚がおった！」「ここにもおったよ！」と保育者に教えたり、「ここにもおるかな？」「いたねー！」と子ども同士も会話をしながら、紙が真っ青になるまでぬり、大きな海をつくりました（**図10－1**）。

　この実践はほかにも楽しい取り組みが満載で、とにかく聞いているだけでも、楽しそうな子どもたちの歓声と表情が聞こえてくる、保育者になって3年目の若手のパワーが炸裂する実践でした。そして、興味深いのはその中での子どもたちの姿です。ふだんは、友だちとうまく関わりがもてず、トラブルの多いAくん。でも、このときは、他の子とトラブ

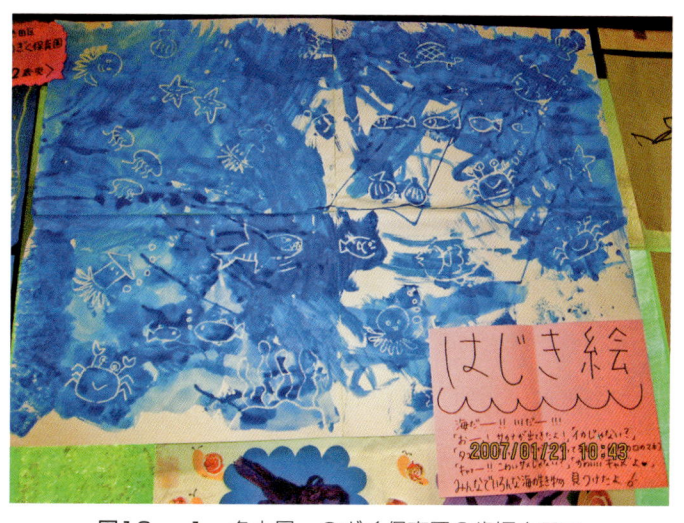

図10－1　名古屋・のぎく保育園2歳児クラス

前ページ図10－1の拡大した図

ルもなくいっしょに描いて、両手に持ったタンポで画用紙がやぶれるくらいにぬって楽しみました。タンポでぬたくったり、魚を発見したり、ワクワク楽しい活動に取り組んで、友だちとの関わりも増え、会話も弾んだと報告されています。

　友だちといっしょに思い切り楽しい活動に取り組むなかで、その楽しさを共感しあうことができ、友だちとの関わりを育てていくのでしょう。このように、思いっきり楽しい活動のなかでこそ、保育者が描く活動を通して子どもたちに育てたいねらいも達成されていくのではないでしょうか。

　今の子どもたちの大きな問題の一つとして、自分を出し、表現していくことがなかなかできないということがあげられます。その原因にはさまざまな要因があると思いますが、子どもたちが自分を出し表現していけるのは、何よりも思い切り楽しく夢中になる活動ではないでしょうか。描画活動についても同様で、子どもたちが、楽しくてワクワクし、保育者や他の子どもたちと共感できるような活動のなかでこそ、自然と自分を表現していけるのだと思います。描く楽しさに注目し、その楽しさを子どもたちに伝えていく指導が求められていると思います

＜図（作品）・実践園＞
図10－1　名古屋・のぎく保育園2歳児クラス

あとがき

　私の専門は発達心理学です。乳幼児期の描画・表現活動の研究者は、多くは美術教育の専門家や画家などの実作者であることがほとんどで、私のような発達心理学者は少数派ではないかと思います。私が乳幼児期の美術教育に関わりを持つようになったのは、大学院の時に、子どもの描画発達の研究に取り組んだのがそのきっかけです。それから、30年近くがたちました。心理学者もその研究スタイルは多様ですが、私は現場の保育者たちと、時にはいっしょに実践を作り出したり、研究会やサークルで、実践報告をもとに討論しあったりながら研究をすすめてきました。

　この本でとりあげられた実践の多くは、全国保育問題研究協議会全国研究集会・認識と表現・美術分科会や全国保育団体合同研究集会・美術造形活動分科会で報告されたものです。毎年、北は北海道から南は九州・沖縄までたくさんの保育者たちが分科会に参加し、実践報告をもとに熱い討論を積み重ねてきました。私も分科会の世話人、運営委員として参加してきました。毎年の分科会で、たくさんの子どもたちの素敵な作品と、その作品をもとに生きいきと実践を語る保育者たちに出会うのがほんとうに楽しみでした。

　これらの実践報告を通して確かめられてきた子どもの描画表現の発達や、その発達に応じた保育者の指導・援助について、私が学んできたことを整理しました。この本を通して多くの保育者や保育者をめざす学生たちに、たくさんの実践の中で確かめられてきた大切なことを伝えていきたいと思ったのが、本書を書いた一番大きな動機です。絵に苦手意識を持っているのは、子どもたちだけではありません。保育者自身も苦手意識をもっている人がすくなくありません。この本を通して、子どもたちの描画表現活動に、保育者として関わっていくことの楽しさを伝えられたら素敵だなと思います。

　私自身の専門である発達研究という点から見ると、この本は従来の描画発達研究からみると、いくつかの新しい問題提起をふくんでいると思います。私が保育実践から学んだことをもとに、描画発達研究への問題提起を本格的に展開するのは、また、他日を期したいと思います。

　この本は、雑誌『ちいさいなかま』に連載した、「描くってたのしいな！　子どもの発達と描画活動」をもとに、まとめなおしたものです。最後になりましたが、『ちいさいなかま』連載時の読者のみなさん、この本への絵の掲載を許可してくださった、保育者や保護者のみなさん、ありがとうございました。また、最後までていねいに本づくりにとりくんでいただいたひとなる書房の名古屋龍司さんにも感謝したいと思います。

田中　義和（たなか　よしかず）

東京教育大学教育学部心理学科卒業、
同大学院教育学研究科修士課程修了
発達心理学専攻
桜花学園大学保育学部を退職。
現在、名古屋短期大学保育科特任教授、
桜花学園大学・桜花学園大学大学院講師（非常勤）
著書　『描くあそびを楽しむ』（ひとなる書房）
共著　『子どものあそびと発達』（ひとなる書房）
　　　『乳児のあそび指導』（ひとなる書房）
　　　『遊びの発達心理学』（萌文社）
　　　『子どもの描画心理学』（共訳　法政大学出版局）
　　　『育ちあう乳幼児心理学』（有斐閣）
　　　『保育実践のまなざし』（かもがわ出版）など。

本書への事例掲載をこころよく承諾下さいました園のみなさまに改めて心より感謝申しあげます。ご紹介しました園の実践事例の中には古いものもあり、連絡がとれなかったものもございます。関係の方のお目にとまりましたら、小社宛ご連絡いただければ幸いです。
（ひとなる書房編集部）

子どもの発達と描画活動の指導
描く楽しさを子どもたちに

2011年8月15日　初刷発行
2019年3月20日　二刷発行

著　者　田中　義和
発行者　名古屋研一
発行所　㈱ひとなる書房
〒113-0033 東京都文京区本郷2-17-13
TEL　03（3811）1372
FAX　03（3811）1383
E-mail：hitonaru@alles.or.jp

©2011　印刷・製本／中央精版印刷株式会社
＊落丁本、乱丁本はお取り替えいたします。